陳村當代英才

佛山市顺德区陈村镇宣传文体旅游和教育办公室　主编

李健明　编著

世界图书出版公司
广州·上海·西安·北京

图书在版编目（CIP）数据

陈村当代英才/佛山市顺德区陈村镇宣传文体旅游和教育办公室主编，李健明编著．—广州：世界图书出版广东有限公司，2024.9

ISBN 978-7-5232-0951-6

Ⅰ．①陈…　Ⅱ．①佛…　②李…　Ⅲ．①人物—事迹—顺德区—现代　Ⅳ．①K820.865.4

中国版本图书馆CIP数据核字（2023）第229290号

书　　　名：	陈村当代英才
	CHENCUN DANGDAI YINGCAI
主　　　编：	佛山市顺德区陈村镇宣传文体旅游和教育办公室
编　　　著：	李健明
责任编辑：	程　静
装帧设计：	姚华林
责任技编：	刘上锦
出版发行：	世界图书出版有限公司　世界图书出版广东有限公司
地　　　址：	广州市新港西路大江冲25号
邮　　　编：	510300
电　　　话：	020-84453623　84184026
网　　　址：	http://www.gdst.com.cn
邮　　　箱：	wpc_gdst@163.com
经　　　销：	各地新华书店
印　　　刷：	广州市迪桦彩印有限公司
开　　　本：	787 mm×1 092 mm　1/16
印　　　张：	9
字　　　数：	148千字
版　　　次：	2024年9月第1版　2024年9月第1次印刷
国际书号：	ISBN 978-7-5232-0951-6
定　　　价：	58.00元

版权所有　侵权必究

咨询、投稿：020-84451258　gdstchj@126.com

《陈村当代英才》编委会

主　　编：佛山市顺德区陈村镇宣传文体旅游和教育办公室
编　　著：李健明
封面题字：梁季明

前言

一

陈村地接南海、番禺、佛山（市区），水通广州，河汇北江、西江，素来深受城市文化辐射与不同区域经济影响。

唐宋以来，南迁移民陆续聚居生息，但他们从未停止过与广州（市区）、佛山（市区）、南海、番禺的交往。因此，陈村融合各地文化观念与经济技术，形成一个兼容并蓄的开放地理框架。

唐代区册，远赴阳山，向韩愈执经问难，后随他北上中原，为官入仕，成为陈村区氏重要文化源头。南宋番禺大学者李昴英（1200—1257）久居陈村，化抽象理学为充满现实意义的价值指引，深刻影响了当地文化思想。

南宋欧仕衡（1217—1277）北上杭州，入读太学，结交天下英才，南返陈村后，设九峰书院，传道解惑，更撰《理学简言》，强调义利并重，内心与天道相合，成为岭南理学重要传播者，而他带来的江浙启蒙读本，其三字韵文，贯通古今形式，成为区适子撰写《训蒙三字经》的源头与出发点，深刻影响中国人的价值取向与善恶观念。

正因如此，陈村不断走出纯粹封闭自足的传统农耕区域，在吸纳各处先进文化与新锐观念中，形成一个脉络清晰、内外并进、环环相扣、逐级递进的完整体系，并在宋代诞生出区杰、区志平、苏之奇、梁伯揆等进士，以及苏绍箕、区端等官员，成为当时顺德区域内国家精英荟萃重地。文化的吸收与信息的消化和志向的设立，令陈村成为英才荟萃、登高望远、携手前行的制高点。

二

明清时期，北江、西江日渐发达的水运将陈村不断推向经济繁盛新时代。它在催生果基鱼塘与花果培植、烘干、销售产业的同时，更通过这个水路枢纽，将陈村从种稻、养花、植果的种植区域拓展为花果秧苗专业市场，锤炼出大批园艺精英。顺畅的水运贸易与高附加值的花果销售推动陈村逐渐崛起。同时，米面业圩市集中陈村，顺德最重要的粮食专业圩市也诞生于此，令它水到渠成地成为商贸与水运集散地。

清代早期，来自西江、北江的农副产品越来越集中在陈村，原有圩市无法承载快速增长的货物储存、销售、周转需求。

清乾隆十三年（1748年），陈村建新圩。从此，大批农副产品通过新圩的各种埠头不断外输，新圩一带逐渐成为省内重要内河港，更发展为繁忙的花果埠、谷埠、盐埠与国内外木材转销地。

经济的繁盛，孕育出青灯苦读、名垂青史的英才：明代尚书张泰（1436—1508）、首辅梁储（1453—1527）、诗人欧大任（1516—1596）、区必元、欧主遇；清代诗人画家黎简（1747—1799）、历史学家仇巨川（？—1800）、翰林学士欧家廉（1867—1931）。他们以手中柔翰书写深湛学识、淳朴品格、开阔襟怀，记录家乡历史、参与国家政治、抒发深沉情怀、扭转社会风气，成为人们追溯那辉煌岁月的珍贵线索，也积淀为人们深感自豪的历史荣光，激励着后来者继往开来、青出于蓝。

三

陈村人深受农商经济影响。他们在花卉种植、货物运输、中外贸易中默默探索。碎屑的财富积蓄、微弱的生命亮光、曲折的谋生小径，满足着大多数寻常人家对物质、财富、生活、生命的现实需求。陈村人从不辍的勤奋与坚忍的勤俭中锱铢积攒，他们在小往大来中尽情释放久蓄的商业才华。因此，在人们仍在青灯苦读的明清时代，陈村人早已奔走各地，为商四方，天长日久，积财渐富，用双手凿开一条与金榜题名并行的人生通道。

社会的倡导与家庭的熏陶，令经商的天赋与不屈的韧性成为陈村人异于其他镇街民众的独有亮色与文化底蕴。

因此，近代以来，陈村拥有顺德众多经济第一：最早的一道海关分支机构、第一家民营银号"祥和号"、广东四大机器制造企业之一岭南织造厂、最早的商办电话所、第一批短途客车公司。

人们看重的不仅是陈村的地理优势，更是其积淀深厚的商业文化与锐意进取的内在精神，而这些曾纵横捭阖的小贩、船家、商人、企业主，在为家族留下丰厚财富的同时，更留下家族的辉煌与诚心回报社会、投身公益的一片素心。那辉煌成为他们日后再创高峰的梦想起点，而那一片素心，则汇成他们心怀天下的道德源泉，孕育出分外明净的生命春花。

四

现代以来，陈村人散布世界各地，但那一口古雅的陈村话与千年承传的文化底色，却成为他们赓续传统、弘扬精髓的一根红线，串连古代、粘合近代、接通当下，化为陈村人承前继后、层楼再上的文化核心。

其中，大都村梁培基不仅是著名民族工商家，更是中山医科大学重要奠基者，梁氏儿女皆成就卓异，可见严谨、醇雅、朴实家风的熏陶意义，他们与孕育于陈村各乡村的国内中医权威欧明、乡间名医简澄波、陈雨池、朱章阁，明史专家杜婉言，企业名家梁适华，澳门企业家何波，海外书画名家区本，商业英才梁宝珠一道，成为此书专辟一章的璀璨群星、引人仰望，印证着这片沃土各路英才的千帆竞发、万壑争流，而香港土木工程专家何钟泰、雕塑名家梁明诚、国家级大厨林壤明、比利时华侨领袖梁福团、顺德设计院院长陈霖峰更成为首批入列此书专题叙述的陈村当代英才。他们开创香港铁路电气化、引领国内雕塑观念、推广中华美食文化、深化中外文化交流、规划城市建筑设计，成就卓越，开一代风气，让世人从他们身上读出陈村人独有的厚重、深远、开阔，更能从他们的低调、务实、谦谨中感受到逼人的才气与深邃的神思，触摸到他们回报家乡、贡献社会、奉献时代的淳朴内心。六章合成一书，详略相应，让人读出当代陈村英才的云蒸霞蔚与陈村文化的气象万千。

五

近年，陈村镇致力于地方文化的系统挖掘与梳理，通过历史人物与当代英才的故事去切入这片宁静的水乡，让人走进那古老的深巷与宁静的祠堂，走向堤围，眺望远方那矗立的英才群雕。

英才是一个地方最珍贵的资源，也是一个地方继续前行的精神力量。《陈村当代英才》的出版，是佛山市当代英才传记的重要文本，更是陈村镇宣文办长期致力地方文化整理的成果。它有助于人们阅读英才的人生经历、事业轨迹、内心独白、社会义责，更深彻理解他们深沉的家国情怀与质朴的家乡感情，并从理解中获取精神力量，踏步向前，为社会进步做出新贡献。

目录

第一章　何钟泰：全力以赴　服务香港 /1
第一节　自幼聪慧　入读名校 /2
第二节　第一个十年（1963—1973）负笈英伦　创业海外 /5
第三节　第二、三个十年（1974—1993）专业服务　造福香港 /7
第四节　第四、五个十年（1993—2013）殚精竭虑　一心为民 /13
第五节　第六个十年（2014—2023）建言献策　为民发声 /20

第二章　梁明诚：雕出一个新世界 /23
第一节　生于忧患 /24
第二节　酣畅淋漓的求学时光 /26
第三节　沉潜砥砺的岁月 /29
第四节　参与广州解放纪念碑创作 /32
第五节　徘徊在米开朗琪罗的故居前 /34
第六节　致力推动变形艺术创作 /39
第七节　让石头说话 /43
第八节　随心所欲而不逾规 /47

第三章　林壤明：触摸世界烹饪天花板 /49
第一节　从西关少年到下乡知青 /50
第二节　泮溪酒家练苦功 /53
第三节　雕花艺术带来惊喜 /56
第四节　潜心挖掘岭南美食精髓 /59
第五节　世界比赛一举夺冠 /61
第六节　八仙宴名扬岭南 /64
第七节　出任行政总厨 /65

第八节　自豪是个陈村人 /69

第九节　助推粤菜美食发展 /73

第四章　梁福团：他乡赤子情 /75

第一节　远赴比利时　白手创实业 /76

第二节　出任"华联会"主席　谋求更大发展 /78

第三节　开办中文学校 /84

第四节　鼓励参与竞选　谋求大众福利 /86

第五节　深情回眸　情系桑梓 /87

第五章　陈霖峰：春入千门万户中 /89

第一节　小镇生活成人生倒影 /90

第二节　导师影响不可抹却 /92

第三节　走入第一线 /94

第四节　挥毫落纸 /98

第五节　探索与突破 /104

第六章　群星璀璨 /113

第一节　杜婉言：剖析明朝制度　宦官研究专家 /114

第二节　区本：以画为缘　联通友谊 /116

第三节　梁宝珠：商业英才　致力慈善 /118

第七章　致敬乡贤 /121

第一节　梁培基及其儿女 /122

第二节　名医辈出 /125

第三节　欧明：中西医结合重要奠基人 /126

第四节　何波：打铁出身　行业尊长 /127

第五节　梁适华：致力珠宝行业　深情回眸故乡 /128

第一章 何钟泰：全力以赴 服务香港

何钟泰，1939年生于香港，祖籍广东省佛山市顺德区陈村镇潭洲村登洲。获香港大学土木工程学士学位、英国曼彻斯特大学研究院文凭、英国伦敦城市大学土木工程博士学位。银紫荆星章、NIBE、圣约翰五级员佐勋衔、太平绅士获得者。1996年底开始担任临时立法会议员；1997年7月1日香港主权回归后成为立法会议员；担任第一、第二、第三及第四届立法会代表工程界功能组别议员，直至2012年底。原港区全国人大代表（十、十一届）、香港注册专业工程师、香港建筑物条例认可人士、注册结构工程师和香港工程师学会前会长（1987—1988）、工程界翘楚、荣誉资深会员及资深会员。曾负责九广铁路电气化、沙田和将军澳两大新市镇、青马大桥等大型基建项目的设计与兴建，曾任广东大亚湾核电站、岭澳核电站核电安全咨询委员主席，参与核电安全工作33年。为香港繁荣发展和国家改革开放做出杰出贡献。

第一节　自幼聪慧　入读名校

一

何钟泰祖籍顺德陈村登洲村（今潭洲村）。登洲村为千年古村，原称"鉈洲"，主要以区氏、何氏、吴氏为主体。

区氏于宋代诞生进士区杰与区志平，是书香世家。其中，区适子（1234—1324）博学慎思，自号"登洲先生"，此村从此称"登洲村"。他撰写的《训蒙三字经》成为近八百年来影响中国文化与道德的启蒙经典。

何氏家族于南宋自南雄珠玑巷迁居登洲村。南宋人何禄孙，曾任兵部提令司马。明代有进士何闻贯、何蔼然、何启寅，清代有举人何元法。

区、何两家世代联婚。因此，登洲村孩子小时候启蒙多读《三字经》，长辈口耳相传，此书作者就是登洲村先祖区适子。

二

何钟泰父亲自小聪明敏慧，读书每试摘冠，学费从来都全免，但因穷困无继，只能中途辍学，随父前往广州，后到香港，先为小贩，再往南针电筒厂当学徒，但他独立自强，勤奋上进，十八岁自己设厂，潜心经营。

1939年3月，何钟泰出生于香港。彼时香港，风声鹤唳。五个月后，日军包围香港。1941年12月，香港沦陷。两岁的何钟泰随父母及祖父冒险逃难，回到家乡陈村登洲村。

此时的登洲村，已在日军践踏中变得百业萧条。每天，人们听到河中小汽船的马达声，无不惊恐万状、躲藏逃匿，因为此前日军曾乘船入村残害村民。

因为家穷，无田无地，何钟泰父亲不断游走于香港和登洲村两地，携带一些旧衣服拿去卖赚少许水脚。祖父在屋前搭个小棚，种些南瓜、丝瓜，在村中炮楼脚种蔬菜。何钟泰还有一个生病的弟弟，那时乡村没有医生，也没有药，只靠家人的悉心照顾。辛勤的母亲操持一切家务，一家人艰苦度日。

三

抗战胜利后，何钟泰一家返回香港。何钟泰入读香港名校"培正中学"。培正中学始建于1889年的广州，原称"培正书院"，香港分校设于1933年。此校治学严谨，英才辈出，诺贝尔奖获得者崔琦、数学名家丘成桐、香港科技大学校长吴家玮等皆曾就读于此。

聪颖的何钟泰在学校如鱼得水，对足球、篮球、排球、垒球、滚轴溜冰、小提琴、红蓝剧社，无不兴趣盎然。他的领导才能从小就崭露头角。他组织鸿雁文艺小组，并担任组长、社长。1950年，他在小学五年级时，老师选他担任该级锐社创社社长。当时一级有8个班，每班50人，即担任社长要负责400位同学的活动。小学六年级时，老师培训何钟泰担任30多人的口琴队的指挥，常到校外表演。

不过，即使每天都在运动场和在社团里挥洒汗水，他却从不耽误专业学科学习。每年综合科成绩及各主要科目成绩均获年级第一。

青年何钟泰（何钟泰供图）

其实，他琢磨出一个制胜妙法：预习，即提前系统自学一遍，梳理脉络，捕捉重点。老师上课，等于复习一遍，所学内容领悟难忘，故能腾出许多时间参与各种运动和课余社团活动，更重要的是他磨砺出高效利用时间、独立治学与迅速寻找问题核心的能力。这一能力为他日后青出于蓝、出类拔萃打下扎实基础。

中学汇考时，他在中国文学试卷中以文言文作答，可谓艺高人胆大。结果他在全港考生中名列前茅，获两个政府奖学金，成为众多名校诚邀的学子。最终，他选择圣保罗男女中学，进修预科，后考入香港大学。进大学时，作为优秀学子，何钟泰可任选科目，他觉得医科需要的数学知识太少，最后选择读土木工程。自小喜欢数学的他，中学时代沉迷钻研"世界十大难题"，衣兜里常有难题几道。每有余暇，必埋头推演，若头绪渐现，必大喜注心。他得闻土木工程需大量计算，于是满心期待，踏进充满中西文化气息的香港大学。

毕业后，他开始自我规划人生：每十年为一个人生阶段，每一段为一个新转折。清晰的人生设定与紧密的步骤，可隐隐看出何钟泰少年时代预习功课，先谋后动的身影。

何钟泰博士留影于
旧立法会大楼屋顶
（何钟泰供图）

第二节　第一个十年（1963—1973）
负笈英伦　创业海外

1963年，何钟泰远赴英国曼彻斯特大学，潜心岩土研究文凭，8个月后毕业。大学安排他攻读岩土专业博士学位，继续追随世界三大岩土学教授之一的导师深造。

当时，有两间英国十大工程公司直接邀请何钟泰加入他们的伦敦办事处，他决定先工作，再考取专业资格，于是选择加入泰勒·伍德公司，但第二个月，公司派他回香港用三个星期紧急处理香港海运大厦不平均沉降的基础问题。当时的建筑物随时有可能倒塌，何钟泰用三维方法重新计算结构，然后进行加固。至今，海运大厦仍坚固非常，屹立不倒。在公司第六个月，他进入管理层。因一直有机会负责大型工程项目，他因此仅用短短三年便考获专业资格。

此时，英国伦敦城市大学诚邀已考取专业资格的何钟泰加盟一项研究。此项目已开展八年，结果遥遥无期，学校需结项，于是开出优厚条件，邀请何钟泰主持研究项目，但需用两年半完成。大学工程系院长并不相信他，认为英国学生8年做不出结果，这位来自香港的何钟泰怎么可能在两年半完成？面对外国专家质疑的目光，何钟泰心无旁骛，夙兴夜寐，成功在两年半内攻克难题，既获土木工程博士学位，也为华人挣得一口气。

伦敦城市大学极力挽留何钟泰留校任教。若按步就班，他将成为英国最年轻的教授。不过，他深知大学中多为理论探索，自己更愿意将一身才华和充沛想象力，尤其是对新鲜事物敏锐准确把握等天赋融汇在现实生活中。因此，他婉拒这一诱人岗位。

此时，一家工程顾问公司得知何钟泰博士毕业，诚邀其加盟。他考量再三，投身其中。奋发向上、充满工作激情的他，不仅迅速成为公司深受欢迎的员工，更因其能力出色，令这所公司破天荒邀请他成为股东之一，但他只愿意当助理股东。公司深知人才难得，立即应允，但何钟泰心里已在谋划回港发展事宜。

一年后，另一家工程顾问公司同样邀请何钟泰担任公司股东时，他也婉言推辞，只愿意当助理股东。他坚持尽快回香港工作的心意不变，更要向父母兑现十年便回香港的承诺。

1973年底，在英国攻读与工作十年的何钟泰返回香港。英伦十年，他进入两所知名大学，取得研究院文凭和博士学位，获专业资格，在顾问公司及著名工程公司负责管理不少大型工程，累积下丰富工作经验。

回到香港，回到那散发着中药、海鲜、烟草气息的逼仄街道，回到那熟悉而亲切的乡音无处不在的大街，还有那陈旧楼房与漏水矮舍交错的住宅区，何钟泰顿感如鱼得水的欢快与自由。他知道，自己必有机会参加各类大型工程，在香港基建领域一展身手。

这一年，何钟泰三十四岁，风华正茂，风鹏正举。

第三节　第二、三个十年（1974－1993）
专业服务　造福香港

一

茂盛顾问工程师事务所，是历史悠久的世界知名顾问工程师事务所，其驻英国的主席亲自邀请何钟泰回香港加入他们分公司。在香港，它是一家只有20人的小公司，工程项目不多。

刚起步的公司，上下员工充满活力与梦想，更与何钟泰的性格与志向深度契合。不到两年，何钟泰出任公司股东，后为高级董事。从此，他在这里埋头沉潜近二十年，将这家毫不起眼的公司发展为千人企业，更从当初仅有的土木与岩土项目不断拓展，延伸到结构、铁路、水利、渠务、环保、机电、焚化炉、码头、及新市镇建设、项目管理与内地工程咨询等专业服务，不断实现他当初将学术研究与社会需求、内心理想与市场满足相结合的梦想。

二

1976－1982年，何钟泰肩负九广铁路电气化及现代化计划实施项目。

九广铁路兴建于1898年，分中、英两段，由中、英两国政府各自建设。1901年完成。

这一铁路项目在1976年时造价为30亿元，相当于现在数百亿元。铁路属英国段的九广铁路，由九龙总站始，沿站有红磡、尖沙咀、佐敦、油麻地、旺角、太子、九龙塘、大围、沙田、火炭、大埔、大埔墟及粉岭、上水、罗湖。

这一计划涉及沿线火车站、天桥、路轨、道路、渠务的工程设计与合约管理，庞大繁杂，千头万绪。三十出头的何钟泰率领一支年轻专业的技术队伍奔赴当时仍为一片荒野的郊外。

何钟泰的团队有各行业的专家，包括建筑师、规划师、土木、结构、岩土、机电工程师、估价师、测量师、园境师，大家学术背景相异，性格志向不同，但何钟泰将他们融进这个前无古人的宏大项目中，让每人都能在工作中最大效用地发挥专业才华，并获得社会认可与尊重，体现价值与意义。因此，团队成员无不精益求精，力求为社会和时代奉献出一份专业而真诚的礼物。后来，他们都成为香港各界备受瞩目的专业精英。

电气化火车的关键是速度安全和维修。因此，团队成员的工作重点是保证沿线运行的所有设备都是现代化，各种设施都得安全。

当时，火车经过沙田何东楼附近，他们就在地面设立火车维修厂。何钟泰设计出一块两米多厚的钢筋混凝土平台板承托这9栋楼房。模型显示，即使火车撞断一根柱，上面的楼房也安然无恙。严谨与精致，义责与担当，可见一斑。

五个寒暑春秋，团队成员就在现场、实验室、工作坊中穿梭、商议、调研、拍板。他们也在漫长的艰苦磨砺中成长、成熟，更亲眼目睹自己设计的宏伟工程从一张白纸到落地生根、花红叶碧。内心欣悦，笔墨难描。

1982年5月6日，九龙至沙田近郊线电气化列车正式启用，香港进入电气化列车新时代，而这条铁路，就是后来的"东铁线"。

电气化列车的出现，为香港经济提速注入澎湃技术力量。客流量的增加、运行速度的提升、出行时间的节约、环境污染的减少、生活方式的改变、人际交往的紧密、文化交流的密切，不仅整体改变香港的运输服务体系，为香港经济提速注入澎湃技术力量，更为香港腾飞增添一股巨大而不可遏制的推动力量。

作为运筹帷幄的技术统帅，五年间，何钟泰挑灯夜战，带领团队筚路蓝缕、开启山林，虽殚精竭虑，却深感自豪。因为他可将自己的学识与梦想，连同合作者们一道为香港民众提供一个舒适快速、安全环保的现代化运输服务系统，改变港人的生活质量与城市的面貌。

后来，很多时候，何钟泰乘坐地铁时，都会静静凝视人们舒闲淡定的神态与地铁站内上下自如、进出有序的场景。对此，他深感自豪。

2022年5月6日，大批香港人用各种方式去纪念四十年前的这一天。四十年前，他们目睹九广铁路英段开出首班电气化火车，并随即迎来一个高速、稳定、繁荣的新时代。四十年间，电气化火车将人们引向全新生命空间，也为何钟泰人生增添充满自豪的篇章。

三

20世纪70年代开始，香港经济逐渐崛起，人口渐增。

香港政府计划将市区180万人口搬迁到九龙以北的新界所开发的新市镇。何钟泰负责第一代新市镇沙田及第二代新市镇将军澳的所有政府基建项目。当时总工程价值已达几百亿港元。

1982—1993年，何钟泰博士受命设计的这两座新兴市镇成为发展均衡的现代社区，让民众得以在安舒宁静的环境中生活、工作、求知、进步。

整整十年，他潜心推进沙田、将军澳两大新市镇的设计、规划、施工、工程管理及监督工作。开山填海，建设各种基础设施与环保工程。

沙田当时只有2万人口，若将整个沙田海填平则扩展至可容纳70万人口，而将军澳当时只有7000人口，改造完成后可住40万人口，两新市镇总共要填海1500公顷，填土来自海底抽沙和削平一个小岛。

公共房屋及私人楼宇的布局、工作区域的分布、社区服务核心的设置、绿化带与运动设施的安排、内外对接交通线路的配制、主次干道与公交车停靠点的调整、交通疏散通道的规划、处理污水系统和供水系统等设施，纷繁交错，千头万绪，何钟泰博士大处笔墨淋漓，精微处拈笔斟酌，充分考虑到城市公共场所的开放性与市民生活空间的封闭性、风雨连廊与桥梁和社区商业空间的无缝连接，可谓下笔情深。

此外，何钟泰在沙田新市镇开设一道200米宽的城门河，令人们拥有单车径网络的同时，可享受到优美恬静的城门河畔景致。整个沙田新市镇除却单车径，过马路还有地下隧道，其它新市镇都没这个设计，而通往将军澳新市镇的道路建成将军澳隧道，令城市交通更顺畅、高效。此时，属于沙田第二期的马鞍山及将军澳新市镇都有铁路设计。所有这些，他无不考量再三，以求尽善尽美。

他深知，图纸上的一条直线，可能是未来人们每天奔走的大道；一个小回旋，或许是人们一生难忘的小河湾；一丛曲线，也许是人们晚餐后散步赏月的小公园。因此，他下笔皆反复斟酌，以求精确合理，万无一失。

每天，施工的统领、工程的管理、监督的跟进、资金的调配、人员的调动，他都竭尽所能，运筹帷幄，成为一座新市镇的规划者与设计者，更为这两座新市镇注入充满生活理想的灵魂。

作为一名城市规划者，能同时间缔造两座现代宜居新市镇，让人们在其中工作、生活、思考、娱乐，无疑是千载难逢的时代机遇，也是他经过几十年积累与不懈奋进后，时代与社会给予的深情馈赠。

十年后，何钟泰偶尔登高眺望，目睹昔日荒凉偏僻的两地逐渐发展为宜居宜商的现代新市镇，人才聚集、百业兴旺，内心充满自豪与欣悦。

四

1992年月，香港政府开始兴建主跨1377米长的青马大桥，因大桥横跨青衣岛与马湾岛，故有此称。此桥为全球最长行车铁路和双用悬索式吊桥，也是全球以悬索吊桥建造的第八长吊桥。

何钟泰博士（何钟泰供图）

第一章 何钟泰：全力以赴 服务香港

1993年，何钟泰负责青马大桥钢结构桥面4万多吨钢材料装件、油漆工程与桥面的地整体装嵌。工程虽纷繁复杂，但何钟泰带领团队不畏艰难，精益求精，仅8个月便完成这一意义深远工程。

当时，他们在东莞沙田镇装嵌1000吨一件的预制件，船运桥下，吊装桥面，千头万绪，但他们先谋后动，节奏紧凑，快速高效完成任务。

作为香港青屿干线道路的重要组成部分——市区通往香港国际机场主要干线，青马大桥在香港交通与经济

何钟泰在青马大桥留影（何钟泰供图）

中举足轻重，它在1997年5月22日通车运营。新机场则在1998年7月6日开始使用。大桥上层为双向六车道城市快速路，设计速度每小时110千米，下层为双线铁路，设计速度每小时135千米。

当时他们想设计出世界上跨度最大的桥梁，但因处于殖民时代，不可超越英国恒伯尔大桥。因此，他们在建设时修改原设计，将桥墩前移一点，但这毫不妨碍何钟泰完成这一伟大工程。

工程竣工前，何博士漫步在桥上细细欣赏自己参与建设的杰作，还兴奋地攀上桥两端200米高的桥塔顶，举目青山小，沧海无尽碧。猛烈的海风吹拂鬓发，何博士心情澎湃。

五

多年来，何钟泰博士一直负责数百亿元的各类大型复杂工程建设，稳健高效，为香港城市建设贡献良多。

他曾负责的大型工程不仅涵括各种隧道、桥梁、市区天桥、快速公路、船坞、码头，也包括郊区斜坡岩土工程、医院、高层办公楼、住宅商务等工程项目的设计和建设，更涉及焚化炉、垃圾综合处理厂、烟囱与环保研究。毋庸置疑，九广铁路电气化、沙田和将军澳两大新市镇、青马大桥为何钟泰最引以为傲的三大工程，也是他奉献给香港最珍贵的礼物。

六

何钟泰博士致力香港工程建设，更关心香港未来。

1985年，作为工程师代表，何钟泰博士进入香港特别行政区基本法咨询委员会。

五年间，何钟泰博士从建筑工程专业人士的角度为《中华人民共和国香港特别行政区基本法》的制订建言献策。在1986年"草委"的第一次会议上，其讨论文件就有何钟泰博士关于行政长官与立法会议员选举办法的详细建议。

后来，他与另外八位代表不同专业领域的委员北上京华，与港澳办领导会面，并提出各种切实建议，促进《中华人民共和国香港特别行政区基本法》第一百四十二条条款成为法律条文，真正实现他服务社会、贡献时代的理想。

一直沉潜砥砺、低调卓越的何钟泰博士成就备受瞩目。1986年，他荣获首届"商业奇才奖"，1987年成为香港太平绅士。

1987年，何钟泰博士获任中国香港工程师学会会长。这一年，他四十八岁，至今保持最年轻会长的记录。

第四节　第四、五个十年（1993—2013）
殚精竭虑　一心为民

一

1993年，经慎重考虑，何钟泰博士售出茂盛顾问工程师事务所股份，离开工作近二十年、感情深厚的公司。

这一年，他五十四岁，年入天命。

他深知，事业成功后，以专业经验与人生心得服务香港就是其天命。

作为工程界代表，何钟泰博士于1994年获聘港事顾问，1996年进入香港临时立法会。此后四届，他都成功获选为立法会议员（工程界）。尽管每次选举都要经过激烈竞选，他都能脱颖而出。最终，他共任16年议员。因何钟泰是工程界代表，所有议员都推举他为工务小组主席。这个工务小组主责审批政府基建项目，足见民众对他务实高效的工作业绩与诚心为港本质的认可与推崇。

立法会议员并非官员，仅以个人身份代表民间或专业领域意见。他们通过个人努力，为专业领域争取更多合理权益。所有议员从不同角度提出建议，形成合力，推动政府不断完善政策，实现社会稳定与繁盛。

作为立法会议员，何钟泰常孤军奋斗、单刀赴会。他从土木工程切入，延伸到交通、运输、基建、能源、房屋、科技、工业、环保、信息科技、高等教育等领域，倾听声音、记录意见、综合信息、实地调研。

每天，误解与敌意、无果与失败、掌声与欢呼、成功与支持，交错叠现，层出不穷，让他真切认识到万花筒般大千世界的斑驳陆离，更能倾听和理解到不同阶层专业人士对生活、工作、梦想、未来真实的期待与诚挚的呐喊，这种迥异于专业设计的社会工作，让他深感一名议员的时代义责与自身生命的价值和意义。不过，何钟泰以一贯的真诚谦朴与务实高效获得人们一致的赞善与推崇，成功地从专业人士转型到沟通政府与专业领域的摆渡者。

二

因其卓越的学科成就与出色的领导才能，尤其是公而忘私的奉献精神与公正中肯的为事风格，何钟泰博士获得越来越多民众与团体的信赖。

因此，他积极参与扶轮社、红十字会、圣约翰救伤队、童军之友社，他还由港督任命为中国香港城市大学第一任校董会主席、中国香港城市理工学院校董会主席。20世纪80年代中，何钟泰受港督委任，远赴美、英、德、法、澳大利亚等国考察，亲自邀请国际知名学者和评审经验丰富的教授建立香港学术评审局。经过严谨的审批程序后，他亲自批准浸会学院、岭南学院及公开进修学院升格为大学。他以在伦敦城市大学攻读博士学位的专注勤奋与保持几十年的高效快捷，圆满履行各种职责与义务，获得人们由衷的敬意。

每遇到不同领域，何钟泰都事不避难、全力以赴。因此，他后来又获得中国香港城市大学颁发的荣誉工商管理学博士、英国曼彻斯特大学颁发的荣誉法律学博士学位、香港大学授予的荣誉大学院士称号、英国中央兰开夏大学授予的荣誉大学院士称号，其精进奋发，令人敬佩。

如今，当学子们徜徉在紫荆花盛开的校园里憧憬美好未来时，他们并不知道何钟泰为此付出的心血与默默贡献。

三

作为具有国际学术影响力的专业权威，何钟泰博士长期担任工业及技术发展局委员、中国香港科技委员会主席，负责推动工业自动化。因1982年后，香港许多工业都搬到珠江三角洲。后来，上述工作由高锟教授接任。

何钟泰博士曾任广东省大亚湾核电站、岭澳核电站核安全咨询委员会主席，参与核电安全工作达33年。

大亚湾核电站及岭澳一期和二期核电站的建成，为珠江三角洲城市源源不断输送充足电力，成为支持珠三角经济发展的重要动力。此外，核电站长期为香港运输电力，其发电量占香港用电量四分之一，有力维持与推动香港经济繁荣发展。

作为核电站和安全咨询委员会主席，何钟泰带领委员会的专家学者们，紧密沟通，科学管理，不断刷新国际安全运行记录。同时，他坚持举行安全演习，保证各种应急处理安全快捷。

何博士曾于1986年受新华社所托，筹备供16万人参观的大型"核技术展览会"，在尖沙咀星光厅展出两个半星期。他与国家核电安全局、国家环境保护部等有关单位合作，将大型展品运到香港展览场地。当时，香港人非常关注大亚湾核电站兴建，参观展览会人士非常踊跃。

从1988年到2021年，安全、高效、稳定的核电站，成为何钟泰为珠三角城市近三十年高速发展所作出的深远却不为人知的贡献。

四

1997年6月30日半夜12时整，作为主权回归过渡时期的立法会议员，何钟泰博士现场目睹主权交接仪式。

当他看到五星红旗在香港冉冉升起，从殖民时代走过来的他，分外激动。他深知：一个伟大的时代已然来临。

香港回归前，何钟泰博士出任交通咨询委员会主席（负责处理香港的城市道路及铁路交通问题）、中国香港新机场与有关工程咨询委员会成员、气体安全咨询委员会委员、中国香港机场管理局董事会成员。

1998年，香港国际机场启用，但因程序未臻完善，香港经济与声誉因此受到影响。事后，何钟泰博士带领立法会（权力及特权）条例下成立的专责委员会开展7个月的深入调查，最终发现10个软件错误并杜绝后患，为香港机场后期正常运作提供专业支持。

五

解决"雷曼事件"令何钟泰博士再度声誉鹊起。

2008年，美国三大投资银行雷曼兄弟因投资失败，申请破产保护，引发全球金融风暴，大批购买结构性金融产品的香港人深受损害，他们求助、申诉。面对无辜的民众，何钟泰博士决定主持公道，最大限度挽回港人损失。

立法会迅速成立雷曼迷债事宜小组委员会，各党派都推举何钟泰出任主席。当时政府及银行公会方面也表示深庆得人。

雷曼事宜小组委员会不畏繁琐细屑，上穷碧落下黄泉，坚持调查取证，召开超百次公开聆讯，传召62位证人，宣誓下作供。证监会、金融管理局高层委员会召开正式会议220次，连同预备会议何钟泰共开400多次会议。主持这个庞大调查工作，何钟泰也要掌握金融、法律知识。因立法会（权力及特权）条例规定，凡牵涉到法律问题，只可以由主席处理。所以，与代表各方面的资深律师讨论或需要草拟法律裁决时，都要何钟泰独立处理。

在纷繁复杂的判断与处理中，他与各类专业人士商议、辩驳、剖析、推理，进退自如。为此，他常从清晨7时工作到凌晨两点，假期从未休息，有时更要通宵工作，故获"最勤奋的立法会议员"嘉誉。

四年后，何钟泰与全体立法会委员帮助全港4万多名雷曼投资者追回八成以上投资，令他们本以为付诸东流的心血与财富几乎都完璧归赵，何钟泰也因此赢得民众的真诚称誉与由衷的赞颂，而他归结此事得以圆满结终，不外是真与诚的专业精神。

此外，何钟泰还参与影响公共房屋兴建的"短桩事件"的专责委员调查。所有这些专责委员调查大事件都艰辛异常。因此，令人望而却步，而他迎难而上，力破疑难。

六

作为香港立法会工程界代表，何钟泰一直密切关注工程界同行现状。2003年，《内地与香港关于建立更紧密经贸关系的安排》）(CEPA) 出台，这不仅成为促进香港经济的重要推动力，更为香港工程界人士进入内地提供难得机缘。何钟泰真诚希望香港政府能细化关于香港工程师赴内地工作条款，为他们进入内地，拓展专业空间创造条件。

2003年12月，作为公共建设关注联席会议召集人，何钟泰和联席会议成员一道与香港财政司司长唐英年就工程与建筑界失业问题进行深度对话，他也曾与唐英年共赴北京推动内地与香港更深广合作。与财政部领导会面时，何钟泰建议政府发行债券，启动基建工程项目，允许更多私人投资者参与政府基建项目。

12月18日，为切实改善香港工程界人士就业状况，他北上京华争取政策，努力推动专业资格互相认证，拓宽他们未来的专业与人生发展空间。关于大湾区的发展，他关注到"9+2"城市群内的交通问题。因此，他与大学推动磁浮火车研究，并将火车提速至每小时450—600千米。在日后愈发紧密的技术合作中，他当时的建议与努力，无疑折射出他深远而切实的超前战略眼光。

鉴于何钟泰博士对香港的杰出贡献，2006年，他荣获香港银紫荆星章。此勋由香港特别行政区政府设立，颁授于长期担任公共事务及志愿工作的领导人物。

赴北京参加中华人民共和国第十一届全国人民代表大会第四次会议（何钟泰供图）

七

21世纪初，何博士担任中国香港贸易发展局基建发展服务咨询委员会主席。每年，他都率领贸易发展局团队访问不同国家，致力于香港贸易往来与经济发展。

2011年3月，他积极鼓励新"十大建设"，掀起回归后最大基建热潮。他认为：过去十年，香港基建发展迅速；未来十年，速度更快。香港除落实十大基建工程，更应筹划'后十大'基建工程，致力打通大珠三角城市群经脉。因为香港和内地加速融合，交通基建为先行。香港需继续前行，联手邻近城市，共同拓展新空间。

其深远开阔视野，是多年深度研究的结果，也是他对香港一片深情的期待。

八

（一）

何钟泰博士虽身在香港，但总不忘深情回眸家乡、祖国。

1979年，何钟泰博士回国。他先后考察香洲、北京、西安等地。大小城市的贫穷与落后、封闭与守旧，令他无法忘怀，更促使他致力沟通两地，促进家乡与祖国科学、经济、文化发展。他积极参与国家改革开放，历经40年。

作为杰出土木工程专家，何钟泰博士出席第三到第七届中国科学技术协会全国代表大会并出任港澳代表总召集人与团长。第六届会议时，他还是台湾和海外代表团的总召集人。

2018年，他应邀北赴京华，获国家主席习近平亲自接见。对于这些待遇与经历，他深知是祖国对自己真诚与努力的认可，更激发他沉潜砥砺，一路前行。

多年来，何钟泰博士与周培源、朱光亚、周光召、徐匡迪、钱学森、钱三强、邓楠等深入沟通，共商科技发展，他更将两地资源深度交融，推动科技经济发展。

每年，他都义务协助美国万通保险公司挑选"小太空人"，并组织他们到美国太空总署参观学习，体验无重状态。二十一年间，从未中断。

（二）

2003—2013年期间，何钟泰博士当选为第十、十一届全国人民代表大会港区代表。一心为民的他建议增加各界代表比例。这是何钟泰在人大代表工作方面最有满足感的一项。

2008年汶川大地震，他远赴震区，深入考察多次，决定筹集资金重建德阳市旌阳区袁家可育学校。他带头设立"'5·12'年轻工程师大联盟"，提出"一人一平方，共建新学堂"的慈善募捐，共筹善款愈400万元。

可育学校主教学楼采用最先进的隔震技术设计，为隔震八度，超越国家要求的标准。设计结构可以分上、下两部分，若地震来临，利用钢板与橡胶的特性，结构上、下两部分可分开移动，保持稳定与安全。

2009年9月1日，何钟泰与香港特区政府政务司司长唐英年主持可育学校开学典礼。50多名香港大学师生来到德阳，为重建的可育学校建造多媒体教室与太阳能光伏板发电系统；2010年，港大师生帮助安装卫星电视和风力发电系统；他们还与香港学童，以"一人一信"方式，与四川灾区学童书信互勉。

袁家可育学校成为何钟泰情牵祖国的精心礼物。他当年所种小树，如今迎风摇曳。

另外，何博士筹款750万港元，在川北通口镇兴建防疫救急中心，更在11条村修建救急康复中心。

何钟泰仰望星空，脚踏大地，走出人生每一段精彩道路。

第五节　第六个十年（2014—2023）
建言献策　为民发声

一

2011年5月12日，何钟泰博士创立大舜基金（大舜慈善基金会），以"建设更美好的香港"为目标，汇聚资深专业人士及各界精英，就香港公共政策集思广益，理性研究，中肯进言。同时，他关注经济与创新科技发展、力促改善民生，更参与有关长者、青少年及弱势群体的服务。

积极推动"一带一路"国家倡议（何钟泰供图）

如今，大舜基金智囊团共有顾问96位，涵括大学校长、港区全国人大代表、港区全国政协委员、特区行政会议议员、特区立法会议员、退休高层行政人员、专业杰出人士、工商界及学术界翘楚，更有660位行业精英构成智囊团成员、超过20间公司会员与30多个国际机构成员。

专业的英才、高效的联盟、科学的管理，令基金会成为融合专业智慧、政府资源、民间力量、国际力量的精英组织，在不同空间的间隙中发挥沟通、融合、促进、多赢的特殊作用，发挥专业人士、政府部门、民间机构难以单独释放的能量与效用，成为对一座现代化城市深具推动作用的新力量。

大舜基金在2016年成立"一带一路"国际发展联盟，助力政府推广"一带一路"倡议，他们更举办"首届一带一路国际金融合作峰会"及"东盟之夜"，以期通过这个峰会平台，参与到国家的建设中。2016年11月，何钟泰带领30人的访问团前往缅甸，推动建立香港、东盟及内地深度交流网络。

二

何钟泰博士不但关心香港的发展，还情牵故里。

2011年，他首次率领1995年创立的香港工程界社促会来访故乡陈村。参观陈村花卉世界后，何钟泰博士还专程回到登洲村，在前北坊一巷1号的祖居前徘徊，回想幼儿时的断续往事。

登洲村前北坊一巷1号成为何钟泰回忆当年往事的源泉（区润伟摄）

2011年10月，何钟泰博士成为陈村镇第一届决策咨询委员会城市规划建设组委员。他建议城市发展，地铁尽量修于地下。高架桥会影响外部环境，也会阻碍城市未来发展。其建议，屡获采纳。

2019年3月，何钟泰博士受陈村镇政府邀请，回陈村参加"首届陈村三字经启蒙文化周"启动仪式。他回忆起小时候母亲教他背诵《三字经》的场景，深有感触，更建议将《三字经》化作城市名片，提升大湾区文化凝聚力。

几十年间，何钟泰博士对香港、家乡、国家各地的深远贡献，国人有目共睹，常获称颂。

从香港出生到英国求学创业，从英国归来到服务香港，何钟泰博士以纯粹的内心与精专的学识和博大的襟怀，为香港的繁荣与发展真诚奉献。他对理想的追寻与信念的坚守，推广"香港专业精神"的做人处事模式和原则，对社会的回报与对时代的感恩，令人敬仰；他在大时代中划出的那道生命轨迹，简洁、流畅、精彩、出色，让人不禁响起由衷掌声。

第二章 梁明诚：雕出一个新世界

梁明诚，祖籍广东省佛山市顺德区陈村镇大都村。1939年12月出生于广东南雄；1959年毕业于武汉中南美专附中；1964年毕业于广州美术学院雕塑系。毕业后一直从事设计与雕塑工作，1978年进入广州美术学院任教。1980—1982年，受文化部委派赴意大利进修，后参加卡拉拉国际雕塑交流会，作品《少女像》获第二名。梁明诚历任广州美术学院雕塑系主任、广州美术学院副院长、研究生导师、院长，为中国美术家协会理事、广东美术家协会副主席。现任中国美术家协会雕塑艺委会副主任、广东省美术家协会副主席、广州美术学院教授。梁明诚著名作品有《新娘》《人》《大提琴》《钢琴》《海风》《海天》《醉花》《风正帆悬》《冼星海》等。作品《珠江女》获第六届全国美术作品展览铜奖，入藏中国美术馆；《古希腊——奥林匹克》为国家体育运动委员会收购；《开拓者》入藏深圳博物馆；雕塑《重庆谈判》获广东鲁迅文艺奖。

第一节　生于忧患

一

1939年12月，梁明诚出生在寒冷的粤北南雄县，却为年近新岁的小家庭增添新奇的快乐。本来，梁明诚的祖父曾在广州开设一家造船厂，后日军侵华，他们从广州北入南雄。

梁明诚的父亲梁荫天是位郎中，心善品醇，技深术妙，常以简单药材，令沉疴病除，且所费轻微，深得赞誉。在远离大城市的小县城，一家人生活倒也宁静而安康。

1944年，日军占领韶关，南雄陷落。

此时的梁明诚仅5岁。他坐在担子里东晃西荡，随父母哥姐东奔西躲，一日三惊，惶惶不可终日。

1945年8月15日，日本投降。刚读小学一年级的梁明诚跟大家一道上街游行。当时的火炬队伍，延绵不断，欢呼震天。至今，仍历历在目。

抗战胜利后，梁明诚一家又开始安稳生活。

二

父亲行医余暇，喜拈笔作画，常教小梁明诚吟诵唐诗宋词及古文。当时梁明诚就读于南雄县广仁小学。每天目睹老师手制石膏像，深觉神奇。于是，他也以泥巴捏出菩萨、观音、关公、张飞，居然形神具备，他更用粉笔将家中空白处绘满图画，家人目睹后深觉惊喜，视其为艺术奇才，着手悉心培养。

1949年夏，梁明诚举家南迁广州。一天清晨，他们打开门，看到满街都是熟睡的解放军。经过战争的蹂躏与动荡的冲击，惶惶不可终日的他们，目睹宁静而寒冷的清晨里沉睡的战士那年轻的脸庞。他们意识到：一个新时代已然来临。

1950年，梁明诚随李晃成老师学速写、做石膏像，兴趣正浓。

生活，正朝着令人欣悦的小道缓缓前行，但行走不远，他们却遇到人生难关：久病难愈、年仅过四十的父亲撒手尘寰。此时，梁明诚才刚11岁。面对家中栋梁的中折，全家一下子轰然坍塌。

逃难期间，其父带他们东奔西跑，食不果腹，只能胡乱充饥，后患痢疾，久治不愈。为维持生计，他勉励支撑，行医四周，后细菌侵心，撒手尘寰。因此，梁明诚对战争的憎恨与对和平的热爱，成为他后来创作大量革命题材的感情滥觞。

三

父亲去世后，他们典当家中几乎所有物品，勉强度日。刚读初中的他，常上街叫卖香烟，以帮补家用，改善入不敷出困境。1952年，哥姐陆续工作，紧绷的生活钢丝才稍稍缓解。母亲看到这一切，轻轻舒出一口气。

一直没有中断学习的梁明诚在1955年北赴武昌，就读中南美专附中，接受更规范系统的专业训练。一直精进奋发的梁明诚成绩出类拔萃，于1958年获保送进入广州美术学院。

第二节　酣畅淋漓的求学时光

一

广州美术学院的前身是湖北的中南文艺学院、广东的华南人民文艺学院和广西艺术专科学校。1953年，三校整合，创立地设湖北武昌的"中南美术专科学校"。1958年，学校南迁广州，更名为"广州美术学院"，开始招收本科生。

作为第一届学生，19岁的梁明诚踏进绿树初生的广州美术学院。

彼时，潘鹤担任梁明诚的雕塑创作课老师。

潘鹤（1925—2020），广东南海人。早年从事岭南美术创作，后入雕塑领域。三十出头的潘鹤登上讲坛，潇洒飘逸，他坚守艺术原则，却让人感受到倔强的艺术家风骨。

当时潘鹤参加土地改革，深感乡村的贫困与落后。他悉心创作《当我长大的时候》，以乡村教师作背景，独立呈现两名小孩真诚的双眸和专注的神情，真切表达出他对当时身处草根的乡村老师的深沉敬意。因为，他们一生都在默默为农民付出智慧与青春年华，但从未获得农民、知识分子、城市民众应有的理解与尊重。潘鹤逆向奋行，留下深刻的时代印记，创作出代表新中国参加国际艺术展的作品。

潘鹤不随时尚转变的耿直性格与独随心曲的艺术价值取向，深刻影响着年轻的梁明诚。

二

1958年，潘鹤的《艰难岁月》参加在苏联莫斯科举办的社会主义国家造型艺术展。

这件充满写实主义色彩的雕塑，塑造出老少两代红军战士在战斗间隙对未来进行美好遐想的瞬间。吹笛老战士破旧的军装与专注的神情，小战士扛枪托腮倾听的沉醉神貌，将斗争的艰险与乐观的精神融为一体，一下子打动所有参观者。潘鹤鲜明的写实主义手法与拔节向上的内在精神，深刻影响着年轻的梁明诚。

三

1960年，潘鹤调入广州美术学院雕塑系，教学余暇，创作出《省港大罢工》《得了土地》《洪秀全》等。

潘鹤将波澜壮阔的历史背景与气势磅礴的艺术形象巧妙相融，令跟随其左右的梁明诚开始领悟到重大历史事件的社会价值与艺术意义，而创作题材的严肃与意义的深远，又激发出创作者深沉而长久的灵感，他也更清楚意识到伟大艺术家的作品大多源于波澜壮阔的历史背景与热火朝天的当下。于是，他开始潜心朝着这个方向慢慢前行。

因此，梁明诚在一年级创作出《女生产队长》，发表在《人民日报》。在20世纪50年代，一名大一学生的艺术作品刊登在《人民日报》，自然成为学校轰动一时的大事件。深受激励的他在此后几年，陆续创作出《春》《民兵》《新娘》《年青人》。

四

1963年，刚刚度过困难时期的乡村开始恢复生产，喜事渐多。梁明诚与同学们一道来到惠阳下乡，参加一场乡村婚宴。大家推举他为新娘画像。梁明诚上下打量那美丽新娘，飞快地将新娘略略低头、微微浅笑、不胜娇羞的瞬间神态，以及独具南方乡村民族特色的头饰精彩描绘。

五

北回广州后，梁明诚潜心创作《新娘》雕塑。

梁明诚从古代佛像开始，将含蓄、柔美、内劲的传统表现手法融进现代艺术呈现中，更将深沉而活泼的民族气息揉进淡净的脸庞与含笑的双眸，呈现出古代的内敛与现代的活力。

广州美术学院美术馆总馆长王璜生在《从〈新娘〉到〈信马〉》中写道:"上世纪50—60年代,在前苏联现实主义的风格和间接的罗丹式写实手法影响下,中国的雕塑总体上采用西方的写实手法加上以革命现实主义为主导的'浪漫'情怀。作品富有鲜明的主题性。

当时多数雕塑作品不是宣泄着对旧世界的刻骨仇恨,就是充溢着对新社会的热情赞美,或是对历史的革命想象。然而作为大四学生的梁明诚,却安静地塑出了一个腼腆而安静的姑娘头像——一个南方乡村的新娘。

他选用了南方广东出产的红砂石,以及民间线刻图的手法,同时整合了现代雕塑对体面关系和精神内涵的追求,雕刻出一个现代的'新娘'。"

这位新娘,既是他目睹的惠阳新婚女性,也是他小时候在大门、地面、黑板描摹的女性形象,更是他对美好人生的深情向往。新娘发自内心微笑中的羞涩、自然、质朴、庄雅,令人感受到华南乡村散发着山林清香的天然气息,以及刚刚恢复经济生产后人们对美好人生的真情向往。

"眉宇、脸庞的刻画采用了中国佛教雕塑的表现手法,特别是线刻勾勒的那一弯眉毛,令整个雕塑充满了静谧感和慈悲心,作者以宗教和民间雕塑的艺术形式创作出一个圆润甜蜜的新娘形象。"[①]

那种充满慈悲与宽容一切的眉目和情怀,令人想象到其未来家庭的和美与宁静。

虽然,此作品深受艺术界好评,但当时的主题是高歌猛进,这种充满个人情趣美感的作品逐渐为人们所淡忘,但其魅力却令人无法拒绝。

1964年,梁明诚毕业,在广东省二轻厅工艺美术研究所从事工艺雕刻厂辅导工作。

《新娘》(梁小延供图)

[①] 钱磊:《中国雕塑现代化进程的重要样本——兼论梁明诚的雕塑艺术》,《美术》2013年第11期,第64—69页。

第三节　沉潜砥砺的岁月

一

在整个20世纪60、70年代,梁明诚从潘鹤的学生逐渐成为师生难分的艺术创作紧密合作者。1966年,梁明诚参加雕塑系的《圣婴院》泥塑创作。

1967年,梁明诚与唐大禧、刘仁毅在南昌创作《世界革命》《中国革命》两组雕塑。

1968年,梁明诚在广州参加大型毛主席像创作,同时,为农讲所陈列馆创作革命题材雕塑。

1974年,在广州农讲所旧址,梁明诚与潘鹤、唐大禧合作雕塑《占领总统府》,合作国画《创业者》。1975年,梁明诚与潘鹤合作《大刀进行曲》。

二

在广州农讲所内,每天,梁明诚和其他创作者将软泥堆到高大的雕塑上,手拓刀挥,挥汗成雨,却乐此不疲。

他们将手挥大刀、呐喊冲锋的指挥员,紧握钢枪、奋勇前冲的勇士,手抡砍刀、力劈日寇的农民,运送粮食的妇女,手持双枪的武工队员以群雕形象尽然展现。

雕塑线条粗犷奔放、造型动静结合、衣衫灵动飘逸,人物表情更是精彩各异:指挥员勇猛坚毅、小战士不畏艰险、农民愤怒满腔、武工队员沉着冷静、妇女胆大心细,同仇敌忾、奋勇争先的集体英雄形象扑面而来。

"创作者在注重人物思想情感表现的同时,通过雕塑中的刚柔、虚实、明暗、浓淡、薄厚等关系,再加上呼应、对比、疏密、弛张等艺术法则的运用,在各个人物之间构成了高低、俯仰、前倾和后倚的变化，体现出运动的形式美，同时产生了一种节奏感，恰如不同音符交响成一曲昂扬的主旋律，雄浑朴拙、大气磅礴，传达出一往无前的气势，体现了艺术家严谨洒脱的艺术造诣、深切的历史情怀以及旺盛的创造力。"[1]

作品展现出不屈外力、奋勇抗敌、前赴后继、以死报国的坚定意志，其所形成的集体力量，让参观者迅速摆脱雕塑具象，重新回到民族危亡大时代中千军万马、奋勇杀敌的大时代中。

这组群雕着力超越纯粹艺术品的束缚，成为一个时代的文化符号与民族精神的化身，唤醒人们对国家、民族、时代的深沉感情与奋勇争先、为国分忧的内在义责。因此，几十年来一直是人们争相称颂的佳作。

《大刀进行曲》（梁小延供图）

2015年颁发的"中国人民抗日战争胜利70周年纪念章"上的浮雕图案，正是梁明诚与其老师潘鹤在1976年创作的《大刀进行曲》，足见几十年间它在人

---

[1] 刘红：《彰显民族气魄的英雄群像——雕塑〈大刀进行曲〉赏析》，《解放军报》2021年7月11日。

们心中厚重的分量。

三

在闷热且蝉鸣不断的岭南，老师潘鹤的严格指点与同辈挚友唐大禧的紧密合作，令梁明诚深感生命的美好。他挥汗如雨，埋头创作。

潘鹤气势磅礴的风格、唐大禧充满诗意的抒情，梁明诚两者兼容，令正气凛然的革命题材散发着人性的光芒，形成触动视觉与打动内心的表现手法。

严肃的主旋律题材与毫无瑕疵的艺术要求，成为那个时代的最高标准，而经过近二十年的磨砺与锤炼，梁明诚逐渐走出一条题材准确、主线清晰、呈现精准、表达丰富的创作风格，这为他此后异军突起积累丰富的社会经验，奠定扎实的艺术基础，他也从青衫少年成长为意气风发的南国艺术才俊。

四

1976年，梁明诚创作周总理像。深感周总理对知识分子的呵护与无私保护，更痛惜他以重病身躯苦撑危局的孤寂与无助，梁明诚流着泪完成这幅深沉的画像。周总理那充满忧虑的双目、忧戚的表情和刚毅的双眉，令人感受到创作者从内心流出的汩汩真情。它不仅打动所有参观者，更成为人们共同铭怀的时代符号。

1978年，梁明诚远赴北京，参加毛主席纪念堂大型群雕创作。同时，在军事博物馆创作《铜墙铁壁》。如今，这些精心制作已成为无数参观者驻足欣赏的艺术精品，在国家殿堂中得以永存。

同年，梁明诚调入广州美术学院任教。

这一年，他三十九岁，正是年富力强的大好岁月。

"东方满眼春来早"。

"吹面不寒杨柳风"。

梁明诚感知到生命进入另一时空。

第四节　参与广州解放纪念碑创作

一

1959年，著名雕塑家尹积昌（1923—1998）创作大型雕像广州解放纪念碑，矗立在海珠广场，后被拆毁。

20世纪70年代后期，民间呼吁重塑此碑。广州市政府向社会征集方案，潘鹤与梁明诚的投稿成为压卷首选。他们沿用解放军拿着鲜花与钢枪的形象，接续人们的历史记忆，将昔日广州解放那天人们夹道欢迎的场景生动再现，同时，解放军战士手持钢枪，清晰表明正义军队所向披靡，江山永葆青春。

他们将草图做好，让工人在花岗岩上将解放军刚毅的脸庞、魁梧的身躯、自信的神态、手中怒放的鲜花、笔直的钢枪一凿一刀地雕刻出来。每天，广州市民都会看到带着草帽的工人们在高耸的巨石上精心雕刻，热议那解放军何时面世。落成后的广州解放纪念碑成为20世纪70年代末广州最热门的话题。

二

浑厚而沉实的原块巨石，呈现出独有的厚重感与沉雄气息，方形基座、高耸11米的群雕，远远看去，如同一个巨大印章，深深印盖在广州大地，寓意红色政权已与这片南国烟雨融为一体。

广州解放纪念碑不仅成为人们对新中国的清晰记忆，还凝聚着千年古城的历史印迹，折射出新时代人们接续传统、继续向前的澎湃力量，体现着广州城熔古铸今、继往开来的城市精神。

第二章　梁明诚：雕出一个新世界

　　它不仅成为海珠广场最夺目的建筑，解放军自信的神情与刚毅的神态，也成为人们追求安定生活与和美人生的激励与信念。

　　很多时候，参与建造这座千年古城地标性雕塑的梁明诚特意远远眺望，深感有幸生逢一个能施展才华的大时代。

《广州解放纪念碑》（梁小延供图）

第五节　徘徊在米开朗琪罗的故居前

一

1980年，梁明诚获文化部选派赴意大利卡拉拉美术学院进修两年。他是国内第一位专门出国学习雕塑的艺术家。

卡拉拉为意大利中北部小城，位于阿普亚内阿尔卑斯山山麓，西距利古里亚海5千米。此处以盛产纯白、淡绿、米色的名贵大理石而名扬天下，为"大理石之都"。

三百多年前，伟大的米开朗琪罗（1475—1564）就来到这里，精心挑选大理石精品，雕刻出旷世绝作《大卫》《摩西像》《哀悼基督》。

梁明诚第一次亲眼见到米开朗琪罗、罗丹的真实作品，他强烈感受到雕塑背后扑面而来的前所未有的巨大冲击。那是一种源于创作者孤独而伟大的灵魂与无边创作智慧的呼啸冲击感。

米开朗琪罗用4年5个月完成世界上最大的壁画西斯廷教堂天顶壁画《创世纪》，又用6年时间创作出伟大的教堂壁画《最后的审判》；罗丹用37年完成《地狱之门》。

米开朗琪罗几乎10年都在教堂穹顶上与遥远的苍天、飞翔的白鸽、漂荡的白云对话，罗丹更以半生时间坚持每天工作十六七个小时，四周是孤寂的白墙。

他们每天所面对的孤独与挑战、质疑与否定、颠覆与重生，远非寻常人所能承受与忍耐，但他们还是义无反顾地孤往笃行，寻找自己内心波涛纷涌一瞬间的精确艺术呈现。

"除蛇深草钩难着"。那种不可捉摸的飘忽，似是而非的感受，寻找精准描摹的艰难，千磨万砺，十难得一。许多人因其艰难而消失在漫漫征途中，成为艺术历史的失踪者，但大师们坚持不懈，在无数磨难与困惑中殚精竭虑地寻觅最佳艺术表达，逐渐磨砺出灵光四溅的卓越智慧与沉雄奔放的艺术表达，获得超越时空的永世华声。那是雕塑者在漫长而苦闷的艺术生涯中从未放弃却愈挫愈勇的胆略与气概，那是战胜自我的决绝与果敢，那是他们卓越智慧的最佳呈现。

梁明诚恍然顿悟：艺术是极具个人色彩的内心表达，但它又能代表一个时代的共同心声，而这种心声能超越时间的隔绝上升为全人类的共有感情，成为连接和打通不同时空人群的艺术密码，如米开朗琪罗的《大卫》《摩西像》《最后的审判》，罗丹的《思想者》《青铜时代》《巴尔扎克像》。

二

梁明诚惊喜地发现，西方艺术家以抽象手法，突破传统具象的单一内涵，为艺术作品赋予更丰富而多层次的含义，引发多重解读的可能性与异趣纷呈的启迪。这种利用最简约状貌去描绘最复杂世界与内心的艺术方式，实是创作者对内心清晰准确提炼能力的考验，也是将丰富多样感情迅速而优雅表达的磨炼，它对梁明诚来说，无疑是充满颠覆性的挑战。那满布内在逻辑与艺术科学的具体性不断引发创作者与观赏者重新思考世界万物的价值，引导人们再度凝视世界与内心的结构与组成，去探索隐藏在具象背后那幽深而丰富的内心和多姿多彩的大千世界。

面对精彩纷呈与不断触动内心的文艺复兴作品，梁明诚暗暗感叹：我来得太迟。同时，他也暗暗感叹：幸亏我来了。

三

在细细鉴赏各种展览馆后，梁明诚越来越感悟到：对内心多层次感情的微妙表达，抽象艺术是最有效的方式。那种摆脱秩序、观念、习惯、文化惯性的自由不羁的内心，是个人价值的独特呈现。它将人从集体与公众中剥离出来，完成个人内心的纯粹抒情，给人以单纯的艺术享受、直观的欢愉感和直抵心灵的冲击感。这种冲击感是直截了当的表达,是深入实物本质后的直接表达。

有一次,梁明诚看到雕塑《熨斗底下的铁钉》时,满身震撼。那种直刺人心的尖锐感令人无法回避,其强烈的冲击感显然源于创作者对事物的透彻把握与恰到好处的艺术呈现。

这就是文艺复兴作品中反复强调的"内心视角"。它源自艺术家的内心感受,这种感受远非大众所能全盘理解,但艺术家正是通过雕塑作品独立而直观地将这种微妙的感受尽情表达与输送,不断引导观赏者构筑出一个日渐完整的内心境界,获得感官与内心的满足与愉悦。这正是梁明诚致力追求的艺术境界。

因此,意大利文艺复兴实现从"以神为中心"的传统挣脱到"以人为中心"的巨大裂变,梁明诚努力完成从"写实主义进入抽象艺术"的尽情书写,并不断融合以肯定个人的价值与意义,更深化并诠释积极生活的价值。

这是他的重要收获,也是他日后一直践行的艺术宗旨。

四

在意大利期间,梁明诚参加克拉拉国际雕刻大赛。他的《中国少女》荣获第二名。

高挺的鼻梁、微微翘起的嘴角、淡净而充满智慧的双眸、一丝不乱的头发与精致的发饰,让人难以精确判断她的确切身份。

这种打破东西方特征的造型,让参观者看到自己内心一直编织的美好女性形象。那是如此温婉而睿智、宁静而宽容,那是

在意大利创作《中国少女》(梁小延供图)

融合母亲、姐姐、知己的多重身份，让人自然生出亲近而徐徐倾诉的冲动。

"（他）以这张混血面孔与世界沟通，展现新的、开放的中国形象。这件具象作品以丰富而概括的意象引起同行和观众的广泛共鸣。"①

梁明诚以干净、素雅、充满睿智与宽容的少女形象，向西方展现出改革开放初期中国女性的魅力，扫除他们一直以来对中国封闭、古老、肮脏、愚昧的印象，让人欣喜地感受到一个古老的东方大国清新而圣洁的气息。

五

在米开朗琪罗的故乡，在达芬奇、提香、拉斐尔的旧地，梁明诚沉吟、徘徊。他将双手深深插进西方艺术泥土中，去触摸那大地深处跳动的艺术脉搏。

许多个孤清的深夜，目睹那一轮如同米开朗琪罗、达芬奇时期一样明净的月亮，梁明诚陷入沉思。

重新细细梳理昔日司空见惯的艺术概念与意识后，他愈发坚信：雕塑家要将人从顽石中解放出来，赋予其灵魂与思想，雕塑在看似宁静的表情背后蕴藏着波澜壮阔的矛盾内心，散发着直逼人心的充满浪漫气息的英雄主义色彩，而具象的隐去与适度的变形，更能多方位地表达当代人复杂而细腻的内心感受。

《中国少女》（梁小延供图）

带着这个信念，他走向利古里亚海边，让曾经给予无数伟大的艺术家们汩汩

---

① 钱磊：《中国现代雕塑现代化进程的重要样本——兼论梁明诚的雕塑艺术》，《美术》2013年第11期，第64—69页。

灵感的地中海凉风猛烈吹拂自己蓬松的黑发。

梁明诚与意大利艺术家们一起（梁小延供图）

六

在意大利卡拉拉，梁明诚创作出《海风》。他摒弃以人为核心的传统表现手法，将海风吹起的裙子作为表现主体。迎风处，裙面内陷而弯曲；背风处，裙面鼓胀而饱满，一弯一胀，呈现出海风猛吹裙子自然变化的瞬间，让人能清晰感受到强烈的海风与热烈的钢琴声交融下充满活力的刹那，而这一刹那足可对观赏者内心产生充满力量感的冲击与震撼。

梁明诚逐渐寻找到一种在新时代中自如表达多层次感受的艺术方式。他最终从意大利的艺术篝火中捡起一根燃烧的木块，高高举起，照亮自己的双眸，奔向祖国。

第六节　致力推动变形艺术创作

一

回到广州美术学院的梁明诚刚四十出头。此时，中国艺术正经历着从传统走向现代的巨大裂变，人们开始吸取各种艺术智慧与表现手法。

从西方艺术源头意大利回来的梁明诚，身上仍散发着地中海那炽热的阳光与浪漫气息。他为时代奉献出充满抽象变形的艺术品，也为人们献出一捧摘自意大利艺术殿堂后花园的红玫瑰。

20世纪80年代中期，梁明诚创作出雕塑《海天》。

《海天》（梁小延供图）

那仰头面朝青天，背靠巨石，双手划浪的汉子，在尽情享受海浪、沙滩、蓝天、白云的美好。那掏空的胸腔，完全背离传统艺术对身体的崇拜与依附，而是将那压抑而沉重的肉身化作虚无，去重新吸取来自大自然最深处的气息、生命、意念。这是人们渴望获得新生命的艺术表达，更是获得个人价值最大化的共同心声。

重铸灵魂、继续向前成为当时梁明诚等一批艺术家对社会与时代的呼唤，艺术作品作为时代的印记正不断积淀着它的价值与意义，他也以此手法"在思考和努力地超越他的老师具有纪念碑式影响力的潘鹤的风格，而探索和建构他的单纯的诗意的富有形体象征意义的雕塑特点。"[1]

此时，他不仅要突破老师潘鹤的艺术表现手法，更在努力突破根植于岭南大地的艺术表现思维。潘鹤将岭南民间的艺术转换为现代城市雕塑，但梁明诚深知，他需要从凝固的雕塑与灵动的思维中构成一个互相激发的巨大空间，令创作者拥有更丰富灵感，又让观赏者获得长久欢愉，更使得艺术品转换为人们对内心与世界感知后尽情表达的途径。

这种看似离经叛道的表现形式，不仅对参观者的艺术欣赏习惯产生巨大冲击与挑战，更对专注于传统雕塑、绘画、书法的艺术家们带来前所未有的震撼。他们打量、质疑、反对、认同、讨论、迟疑、观望。

但随着改革开放的深入，人们在不断接受各种艺术思想与作品后，逐渐感知到传统表现形式的局限与单一，它难以全方位满足人们对现代生活鲜活感悟的艺术转换，而这种看似粗犷与肆意的表达，却刚好能淋漓尽致地抒发人们在新旧冲击下、万象更新中那酣畅痛快的情感需求。

二

20世纪90年代初，梁明诚创作出雕塑《钢琴》。它以灵动活泼的线条勾勒出钢琴形象——疏空、开阔、无拘，如中国水墨的大写意——虚灵、淡净、明快，弹奏者专注于演奏——飘逸、沉醉、凝神。钢琴的灵动与演奏者的专注构成

---

[1] 王璜生：《梁明诚：从〈新娘〉到〈信马〉》，《中国美术馆》2006年第3期，第75—80页。

动静交融的微妙瞬间，人们似能听到钢琴声从演奏者的内心通过双手、键盘、空间款款飘出。梁明诚将人们无从下手的庞大钢琴化作虚空的意象，让人们的关注点从钢琴、演奏者身上转移到对充满质感音乐的捕捉与寻觅。

《钢琴》（梁小延供图）

这种剥离具象而注重空灵质感提炼的作品，进一步逼近人们审美的底线。人们一时难以关注那长发飘逸、神情专注的女子，如今却是平时让人忽略的钢琴演奏成为中心点。对此，人们继续质疑、讨论、指点。

《钢琴》弹奏出与当时传统习惯毫不和应的旋律，却成为新时代的响亮音符。此后，人们越来越接受这种简练而明快地表达多重意蕴的艺术形式，《钢琴》成为许多城市争相引入的公共艺术形象。梁明诚用抽象的艺术火把，点亮人们心中的春夜。后来，梁明诚还创作出男版《钢琴》，成就艺术史上的一段佳话，也印证他艺术探索的正确性。

三

在不断探索中，梁明诚将内心可感受但难以用笔墨描述的感觉不断准确捕获，以日渐成熟的艺术经验将其精心提炼与艺术化，逐渐脱离对具象的描摹与刻画，将事物和内心瞬间的变化与感受细腻呈现，更将文化意义融入其中，让不同经历与感悟力的观众获得属于自己的感受。正如钢琴与海风，人们听到的是不同的乐曲、旋律和来自或大洋、或大海、或沙滩的涛声与海风。梁明诚的作品引发来自不同领域观赏者的共鸣，对当时的艺术创作产生巨大而深远的冲击，他自己也成为中国抽象变形艺术的重要推动者与探索人。

不过，梁明诚深知，深刻的具象作品可表现语言无法达致的内涵，而深刻的抽象作品可超越可视与可言的限制，实现更深广多样的艺术形态与交流方式。因此，他相信"对于善于欣赏太湖石的中国人来说，健康的抽象艺术也是迟早可以接受的。"[①]

[①] 梁明诚：《在米开朗琪罗的故乡——意大利留学随笔》，岭南美术出版社，1988年，第87页。

第七节　让石头说话

一

从 20 世纪 90 年代开始，梁明诚在创作主旋律作品时，不断将丰富的创作经验融入作品，用精确、细腻、丰富多样的细节去丰富主题。

因此，我们可从他的作品中回溯出一条清晰的创作历程，如同在《珠江母亲》中可看到早期《新娘》那充满民族色彩的印记和《中国新娘》那明净、干练的现代色彩；在《重庆谈判》《文天祥》《苏东坡》《周恩来》《孙中山》《宋庆龄》中则可看到《大刀进行曲》《占领总统府》那充满正义激情的创作思路的有序延伸。

同时，我们可看到深受英国雕塑家亨利·摩尔（1899—1986）影响的梁明诚对石材的有效利用。他通过石头厚重的质感去独立呈现其内在蕴藉的力量，表现出石材间挤压、交错、融合所形成的浑厚美感。那是一种独有的精神生命力。它与作品自身呈现的美感一道，合力产生感官与内心长久的愉悦感与震撼感。

以人作为研究对象的梁明诚，通过探寻不同人群的内心去认识和感知世界。因此，其作品远离西方艺术家那种独宣内心、曲高和寡、孤芳自赏的创作方式，而是以大众喜闻乐见的形式去表达内心对世界的热爱与对生活的深情，简练、饱满、灵动、热烈成为其气质。

因此，对事物认知的敏感与对时代触觉的敏锐，令其作品踏进人们内心最微妙却难以笔墨尽描处，呈现出与文字、音乐、绘画同样的效果，成为生活愈发多样与内心愈发丰富的人们钟爱的感情抒发符号。

祖籍花乡陈村的梁明诚对花卉情感独深，而置身于花城的他更对漫天繁花满心喜爱。他创作的作品《醉花》，大理石雕出的岭南少女仰卧山石花丛中，显得自然、无拘、舒展，那是醉卧芍药裀的史湘云，那是提香笔下的古希腊神话花神。五月鲜红的凤凰花散落在她身上，让人生出天造地设的梦幻感，隐隐品出创作者对天人合一的理性回归。这便是梁明诚追求的艺术意象与现实效果。

《醉花》（梁小延供图）

二

虽然，我们常欣赏到梁明诚委婉和美的家庭、夫妇、少女雕像，但他也创作出大量革命者的形象。他努力将传统文化中知识分子对国家、民族、苍生、天下的义责融进对革命历史的艺术叙述中，通过人物形象与内心去弘扬推动社会进步的主流文化，呈现出充满理想主义的英雄色彩，这也与欧洲雕塑中的浪漫主义精神冥然契合，"只不过在形体的体面转折上更精细划分了一些，这与他一直强调结构清晰段落分明相符。"[1]

---

[1] 高蒙：《梁明诚老师和他的雕塑创作》，《雕塑》2020年5期。

从苦难中走出来的梁明诚深知,经历过祖国积弱成贫、屡遭蹂躏、曲折探索的时期,民族英才率领民众求生存与独立,求解放与发展,其历程的曲折与丰富,人物的深远贡献及其鲜明性格正是绝佳的艺术题材,他们为国人留下的不仅是丰功伟绩,更是不屈不挠、奋勇争先的内在精神与无坚不摧、义不逃责的历史担当。

作为艺术家,将民族英才的形象与内在精神悉心雕刻,化作时代丰碑,将具有时代特色的民族艺术永存后世,正是自身的历史担当。梁明诚自觉成为英才精神和民族艺术的承传者与传播者。

三

1998年,广州星海音乐厅广场落成,梁明诚的雕塑《冼星海》瞩目矗立。挥洒自如的姿态与投入激昂的神情,飘扬的衣衫与飞扬的头发,呈现出这位艺术天才在延安指挥《黄河大合唱》的壮观场景。

人们可从冼星海独立的身姿感受到力挽狂澜、抗敌救国的磅礴气势。那是黄河奔流的一往无前,那是万众一心的摧枯拉朽,那是气震山河的历史瞬间,也应是他当年号召人民联手抗敌、众志成城创作轨迹的心灵完璧。

"二十世纪以来中国文艺的叙事方式,始终与民族生存状态积弱积贫的时候试图整合全社会力量摆脱这种困厄而形成一种革命性的要求相适应,它铭刻着集体主义的情绪记忆。"[①]

《冼星海》(梁小延供图)

---

① 高蒙:《梁明诚老师和他的雕塑创作》,《雕塑》2020年5期。

梁明诚无疑是延续这一情绪与记忆的积极响应者与倡导者。他通过雕塑石材所呈现的强烈扩张力与沉重压迫所构成的倾轧、对抗及损耗痕迹，清晰展现出石材与造型独有的生命力。这种石材造型所形成的艺术冲击力成功超越其自身体积所蕴含的能量，并通过人物的表情、姿态、衣衫的融合，给人以更为宏大磅礴、气吞山河的双重冲击感，这正是他从菲狄亚斯、米开朗琪罗、罗丹、亨利·摩根的脉络中吸取艺术灵感后，在祖国的萋萋碧野生出的摇曳春花。

中国神话·后羿　嫦娥（梁小延供图）

第八节　随心所欲而不逾规

一

2000年，梁明诚不再担任广州美术学院院长。此时的他，经历过20世纪50年代的苏联艺术、60—70年代的革命主题、80年代的欧洲抽象变形风格、90年代的潜心探索，如今可身心俱放，尽情释放积累五十年的经验、技法、心得、构想，也可信马由缰地创作内心构想的各种艺术作品。

因此，他为自己的个人艺术雕塑展命名为"信马人生"。他期待在信马由缰的闲适岁月中去寻找具有多样象征意义的雕塑语言，如同"骑驴过小桥，独叹梅花瘦"的隐士，从不同的人生小道溪桥上拾掇散落各处的灵感或前人留下的吉光片羽，继续缓缓向前，走向一马平川的前方。

"无需顾虑他们是高还是低，是强还是弱。抛开了患得患失，我享受了自己解放自己的快乐。"这是梁明诚的自语，也是他的宣言，更是他一直向往的状态。

虽然几十年严格系统的规范训练，令他深得写实主义的神髓，但在意大利两年的思考又让他在抽象主义的空间中自由驰骋。回归现实，大众的需求、文化的惯性、社会的时尚、审美的层次，令他一直在艺术与理想、写实与写意、曲高和寡与下里巴人中寻找平衡点与突破点。这一平衡与突破也是历史上所有伟大艺术家的制高点。对制高点的攀登，正是他们一生孜孜以求的目标。

二

如今，广州大学城内，梁明诚雕塑公园作为国内首个由美院师生作品为主体的"城市长廊"，成为呈现他们艺术精品的巨大空间，也是人们休闲、欣赏艺术的宁静新天地。梁明诚终于可将自己一生的心血佳作再度呈现，供人们亲近、触摸、合影、感悟，实现一位艺术家将作品与社会共享的愿望。

几十年间，梁明诚创作的《世界妇女年》《风浪》《起飞》《金钩》《蓝飘带》《瀛洲标志》等一批抽象城市雕塑，不仅构建出他艺术人生的巨大框架，更为中国雕塑发展拓开一道新门径，为人们挖掘出更广泛而鲜活的创作题材，寻觅出更多样化的呈现方式，塑造出非写实意象化的各种艺术精品，引导人们通过思考、消化、想象去欣赏它们，推动这些雕像成为现代都市的重要标志。因此，提到中国雕塑，梁明诚的名字成为其中的一种标志、一个符号、一个时代象征。但是，对于这些，梁明诚看得很轻淡。他深知，高山在遥远的他方，年虽耄耋，仍需前行。

沉思中的梁明诚（梁小延供图）

因此，每天上午，梁明诚准时出现在广州大学城小洲村的工作室，跟学生们一道讨论造型、设计、手法。作为昔日的广州美术学院院长，他深知言传身教的价值与启发引导的意义，他更带领学生们走出工作室、走向社会，自行创作或指导学生创作充满时代色彩的艺术品。

第三章 林壤明：触摸世界烹饪天花板

林壤明，祖籍广东省佛山市顺德区陈村镇新圩，1951年出生于广州。中式烹调高级技师、国家餐饮业一级评委、广东省职业技能鉴定考核高级考评员。1990年与1992年，以中国烹饪代表团主力队员身份，参加举办于卢森堡的"世界杯"国际烹饪大赛和在德国法兰克福举行的世界奥林匹克烹饪大赛，获团体铜奖、个人金奖；1993年，在第三届全国烹饪技术大赛中再获金奖。1996年以来，获聘为中国烹饪世界大赛评委、国家级职业技能鉴定高级考评员、省市各类烹饪大赛评委。

1993年担任泮溪酒家行政总厨以来，推出"八仙宴""九如献瑞宴""花仙宴""田园土风宴""西关风情宴""袁枚食曲精选"等宴席，均获评当年广州国际美食节"金牌名宴"称号。1997年，获授广东烹饪协会"广东十大名厨""广东省技术能手""广东省劳动模范"荣誉称号；1997年11月，荣获中华人民共和国国内贸易部（以下简称"国内贸易部"）颁发的"技术之星""科学之星"称号；同年，获评为中国烹饪协会常务理事、副会长；1998年，荣获"全国技术能手"称号；1999年，获"全国五一劳动"勋章；2000年，获第一批国内贸易部授予"中国烹饪大师"称号；2006年，获评中华人民共和国商务部"中华十大名厨"称号。2014年至今，在广州市白云工商技师学院成立由中华人民共和国人力资源和社会保障部颁发的"林壤明技能大师工作室"。

第一节　从西关少年到下乡知青

一

1951年，林壤明出生在广州西关。刚解放的广州城，"饱阅沧桑消劫烬"，百废俱兴，一派生机。

荔枝湾地处西关腹地。清代以来，大户人家的房屋鳞次栉比。伍湛记的馄饨面、欧成记的面条、南信记的双皮奶与顺记冰室的雪糕成为西关人的日常与无法忘却的记忆。

樘栊大门走出的娉婷女子，拖着长长黑辫子的自梳女，更是令人驻足凝视的西关迷人景致。

逐渐长大的林壤明每天穿行在满吊鲜红石榴花的青石板小巷，目睹一片荔枝红云的清澈小河。他在西关上学、放学、玩耍，结识往来家中的饱学雅士。一壶清茶，几位知己，古今多少事，都付谈笑中。

日子，就在宁静而沉雅的春秋更替中缓缓走向远方。

二

20世纪70年代初，林壤明回到故乡陈村。作为从广州回来的插队知青，他第一次接触到真正的农村。

当时的陈村为禾田地区。每天，乡人赓续着近千年来几乎没有改变的劳作方式：插秧、耕田、驶牛、除草、车水、戽泥、拆蔗壳、烧稻秆，农活劳累繁琐，但他从未退缩，而是迎难而上，跟乡民们一道头戴草帽，赤脚走在田埂上。

此时，他才深刻领会到"谁知盘中餐，粒粒皆辛苦"所诉说的人生不易，也重新感悟一日三餐、饱食果腹的难得。

年到岁末，生产队才刮鱼一次。人们终于可奔向冰冷的鱼塘，联手去围捕那满塘活鱼。

大家提着活蹦乱跳的大头鱼兴冲冲回家，烧火煲水，刮鳞剖肚，放葱下姜，待水滚鱼香，尽情享受那久违的美味。

彼时的林壤明，对烹饪一无所知，他压根儿没想到刡鱼煲汤、炒菜焖肉会跟自己有任何关系。

三

毕竟是从广州名校毕业的中学生，在一群目不识丁的农民中，林壤明很快就脱颖而出，再加上他聪明、谦虚、开朗、勤奋的特质，深得乡民喜爱与推崇。不久，林壤明成为大队会计。

故乡陈村的乡村生活对林壤明影响深远（图片来源：顺德区档案馆）

此时，他虽不再常赤脚耕田，但目睹乡人漫长而辛劳的耕作，他深感乡间生活的不易。不过，每天乡民们总能在毫不起眼的微末小事中迅速寻找到快乐的灵感，在笑声与打骂中消弭劳作的疲惫，这种乐观精神深深感染着林壤明，让他在迷茫的岁月仍能获得心中不时闪过的轻快春阳，以照耀寂寞心田，而乡民们对耕作精益求精的追求与千年来承传的耕作经验，令林壤明深感乡村农耕文化的博大精深。同时，即使在清贫岁月，乡人仍能保持彼此之间的温文尔雅与守望相助，令他意外地触摸到依然残存在水乡最深处的传统文化，那令人感动的独有美感。

这段独特的经历，使林壤明对故乡、农村、草根有直接而深刻的认识，而故乡那宁静的小涌、苍翠的田埂、无边的稻田与乡人温静的内心、质朴的品格、豁达的襟怀，成为他最温暖的精神家园，也化作他不时深情回眸的芳草地。

第二节　泮溪酒家练苦功

一

1975年，24岁的林壤明回到广州，入读广州市服务行业中等专业学校，成为一名烹饪专业学生。

经历密集的专业理论课程与实操的煎炒焗焖后，他才明白一款看似简单的菜式，背后是博大精深的饮食文化与千锤百炼的烹饪技法，而对事物的好奇与对课程知识精益求精的追求，令青年林壤明开始沉迷在五滋六味的文武两火中。

秀雅精致的泮溪酒家（张凤娟摄）

二

毕业后，林壤明分配到泮溪酒家。

泮溪酒家始创于1947年，由泮塘乡人李文伦、李声铿父子创办经营。当初，酒家以竹松皮搭大棚寮，筑于溪边荷塘上，故称"泮溪"，展现出岭南水乡淡净随性的意蕴。1958年，著名园林建筑权威莫伯治深化酒家建筑的设计。精致淡雅的粤菜佳肴与庭院深深的岭南建筑，令其声誉鹊起。泮溪酒家成为全国最大的园林酒家，与北园酒家、南园酒家并称广州"三大园林酒家"。

泮溪酒家坐落在荔湾湖公园，不仅将莲藕、菱角、茨菇、马蹄、茭笋融入点心与菜肴中，还让"泮塘五秀"名闻岭南，隐隐与苏州"水八仙"遥相呼应，延续着岭南人以时令蔬菜素食入馔的现代饮食底色，而如意金猪件、鲍参翅肚、生灼游水大虾、脆皮咸香鸡等粤菜妙品，又折射出大厨们对河鲜、山珍、海味、家禽、野味得心应手的妙烹，反映出传统广东人对浓肥、腴香、甘美的不懈追求。

因此，作为岭南美食的荟萃地之一，泮溪酒家积淀和传承着源远流长的粤菜文化，融汇大江南北的饮食历史。人们通过脆嫩的乳猪与甘香的禾花雀，可触摸到两千多年前南越王时代的美食源头，从生炸灌汤包、古法烧鹅中，可品味到宋、明时代中原的饮食余绪，而大厨们妙手巧烹，完美满足着粤人对食物新鲜、生猛、本

精致的佳肴，是赢得食客青睐的关键
（图片来源：顺德区厨师协会）

味、嫩滑、养生等偏好与追求。因此，从 20 世纪 50 年代开始，"泮溪"就成为接待国内外贵宾的著名酒家，自然，酒店对厨师技艺与服务的要求无不上乘顶尖、精益求精。

三

当时的老师傅多是从民国时期就切菜剐鱼、操刀掌勺的行家。他们承传清代以来岭南美食中食材精通、刀工精妙、火候精准、酱汁恰到好处、摆盘朴素大方的传统，严谨中不失浪漫，鲜活中法度森严。

初出茅庐的林壤明面对这些功深德高的厨坛权威，除却更勤奋工作外，他几乎将所有时间都倾注在悉心观察与详尽记录中。微妙的手法，看似随意无拘，实则是老师傅几十年技法的精髓；平时的闲谈，似乎平淡无奇，却是他们一生的经验所得。因此，林壤明从未放弃任何学习与请教的机会。

下班后，他反复精读许衡的《粤菜存真》与学校编撰的《粤菜烹饪》等专业书籍。

许衡为广州市首批一级厨师，一生深研厨艺，探寻烹饪妙法，岭南罕有其匹。20 世纪 50 年代始，他为毛泽东主席、周恩来总理、彭德怀元帅、贺龙元帅、陶铸副总理、外国元首金日成等掌勺，菜式朴实无华，味道清鲜淡雅，滋味悠长隽永，深获称誉。1973 年，他任教于广州市服务行业中等专业学校，成为林壤明的老师。林壤明因此获得天独厚机缘，日夜相随，执经问难，自能亲承音旨，获教受益，感悟更深。

勤奋而谦朴、敏慧而上进的林壤明深受老师傅们钟爱，而他从不惮烦琐屑，举凡水台、砧板、打荷、后镬、冷盘、上碟无不反复操练，精益求精，直到目送手挥，收放自如为止，而理论的钻研与工作的细化，令他逐渐脱颖而出。

1983 年，林壤明考取三级厨师资格证。

第三节　雕花艺术带来惊喜

一

自小深爱美术的林壤明,总琢磨如何将动物花草雕刻到食品上,令其更具活泼气息。闲暇时光,他将小动物、鲜花、小草悉心描绘,令其神态活现、呼之欲出。

1983年,柬埔寨西哈努克亲王在泮溪酒家用餐。经领导同意,林壤明在冬瓜盅上刻出泮溪酒家店徽与一对憨厚逗人的大熊猫。大熊猫天真的神态与笨拙的动作,令人忍俊不禁,更为一桌本有点拘束的宴席增添一丝惊喜。宾客笑指大熊猫,大为赞赏,更响起由衷掌声。林壤明为略显严肃的现代粤菜接待宴席注入一股活泼的自然气息,也令成长于草根的粤菜在改革开放初期得以返璞归真,再现其活泼清新、道法自然的本真天性。

20世纪80年代中,粤菜地区逐渐流行起雕刻各种图案的冬瓜盅,其源头就是林壤明的灵感与巧手。

二

粤菜用材不拘一格,食材品质却精挑细选,务求把优质佳品奉献给往来宾客,以货真价实、新鲜嫩滑、引人回味,实现口碑相传,令食客寻味再返,形成低耗高效的良性循环。

因此,对食材物性的精通与时令佳肴的挑选,成为厨师基本功,而针对不同食材实现个性化的精烹细作方式,令其发挥最美味功效,更是厨师脱颖而出的妙谛。

在埋头烹制和反复磨砺的过程中，林壤明从酱汁调料的更替、食材的调整、食客的变化中，敏锐地感觉到20世纪80年代市场的细微走势，这也为他后来设定酒家的发展方向奠定源自观察与分析的基础。

三

1983年，我国举办第三届全国烹饪大赛。作为技法渐深和参赛经验丰富的年轻厨师骨干，林壤明担任广州市代表队队长。

北上京华，代表队成员既要适应当地的水土、物料，也要快速熟悉环境、工具设备、配套设施，更要在新环境中消除彼此大赛前的不安与失措。

林壤明屡获大奖（林壤明供图）

参赛经验丰富的林壤明以其乐观与淡定的态度感染着年轻的队员，他针对比赛规则，设定出充满岭南特色的"仙羊献瑞"菜式。

精致而充满生活气息的蔬果雕刻、流动的瀑布与散发着田园气息的菜品，令评委眼前一亮，而吉祥的寓意与粗料精制的菜式，呈现出改革开放初期岭南人的质朴、热情、上进和对生活的热爱，而无可挑剔的烹制技艺与色香味俱全的效果，又令评委们深感岭南美食的别具一格与名不虚传。此外，"他们又以广东传统名菜与地方小食相结合，设计了'组合盘菜'以应众，均以鲜明的特色和过硬的质量赢得极高评价。"[1]

---

[1] 关志敏:《林壤明——拿国际奖牌的新派粤厨》,《上海调味品》2001年第4期，第38—39页。

在菜式推广环节中，作为队长，林壤明镇定而清晰地向评委叙述每款菜肴的岭南特色。轻松而略带幽默的介绍，令本来紧张万分的赛场不时响起阵阵笑声，而扎实的功夫、紧凑的节奏和无间的合作，更引得评委们对这支来自五羊城的年轻队伍深表赞赏，最终他们以最高分获团体金奖。

这是改革开放后广东首次折得全国烹饪赛事桂冠。载誉而归的林壤明深感良好的团队合作精神是事业成功的关键，这也成为他后来不断锤炼厨师队伍合作能力的灵感源泉，同时，他还感悟到粤菜美食博大精深的养生价值尚未为大众深刻认识，这是他此次参赛的重要意外收获。

第四节　潜心挖掘岭南美食精髓

一

20世纪80年代中期，广州成为岭南活力最澎湃的城市。人们在辛劳余暇，无不寻味四方。此时的广州，大排档、小吃店、大酒楼纷纷崛起，人们尽情享受着清新鲜滑的岭南美食，大批早已淹没在历史尘烟中的传统佳肴、民间小吃、古老技法逐渐枯木逢春，而一直隐藏在小巷曲径深处的饮食传统、美食文化、大厨轶事也渐渐露出水面。大批技深德高的老厨师从后台走出，在更广大的平台上展现他们的一身绝技，闻所未闻的佳肴与萦绕心扉的滋味，让人恍若进入美食传说时代。

置身斑斓纷呈的大时代，林壤明深感岭南美食传统源远流长、食材来源兼容并蓄、烹饪技法古今相融、口味习惯中西合璧，只有经过系统的梳理与客观的总结，厨师队伍的淬炼与深化，才能将积淀深厚的粤菜神髓精彩呈现。

因此，林壤明与大批名厨结成忘年深交，细细琢磨他们的技法与对食材独有而深刻的辨识心得，更在闲聊与随意提问中，不断整理他们一生的经验与对物料、时节、火候、工具独有的心得，默默承传着粤菜饮食中不务浮华、追求本味的内在本质，以清、鲜、嫩、滑、爽的口感去呈现食材在不同调料与烹饪手法中最完美的滋味，为日后合作推出《广东名酒家特色菜——广州泮溪酒家名牌菜》积累大量珍贵素材与追问、思考。

二

20世纪80年代的泮溪酒家，是广州声誉鹊起的园林酒家，也是荔湾食客抬脚就到、口味相和、心照不宣的美食首选地。

人们在榕荫掩映下饮茶、分享早点、品尝岭南佳肴、欣赏湖光山色，更有轻快的广东音乐隐隐散出，令人们沉醉在妙音美食、良辰美景中。

酒家精心制作的点心多达千款，其中"千层雀肉酥""晶莹明虾脯""泮塘马蹄糕"成为老西关食客的首选名款；"脆皮乳猪""香茶熏子鸭""芙蓉鲜虾片""八珍茭笋皇"更口碑远传，成为四方宾客纷至沓来的必点佳肴。

三

彼时的林壤明年富力强，除却掌勺烹制外，更细细研究和梳理刘邦、何培、范汉鸿等前辈名家的各式经典菜肴，再根据来自大江南北的食客不同的口味与偏好作精细调整，令宾客都能品尝到内心预想与口中品尝相一致的粤菜精华。

1987年，新加坡华人饮食协会邀请泮溪酒家组团作巡回表演。作为队员，林壤明首次踏出国门。他无暇细细欣赏热带景色，而是凭着平时精熟的雕刻技艺与摆盘手法，以"泮塘五秀"为主体，融合当地蔬菜，设计出"雄鸡报晓"大型拼盘。

一片苍碧映衬着昂头啼鸣的雄鸡，让人从逼真的雄鸡中感受到初升春阳的热烈与遥远祖国的亲切，华侨宾客分外动情，纷纷合影拍照，团队由此声名远扬。这次长达月余的巡回表演，为他积累下丰富的国外竞赛与展示经验。

第五节　世界比赛一举夺冠

一

"真积力久则入""久伏者飞必高"。

经过十多年沉潜磨砺，林壤明心得渐深且技法日精，加上他简朴开朗、敏慧勤奋，逐渐在岭南粤菜领域崭露头角。

1990年，由世界厨师联合会举办的"世界奥林匹克烹饪大赛"在卢森堡举行，比赛每四年一次，均在世界杯足球赛后。

此大赛分国家队、地区队、区域队等，只有世界厨师联合会会员国方可参赛。评委来自会员国，每组5人，均为世界顶尖权威。他们根据菜肴的造型、味道打分，由小组综合意见评分。

此次代表中国参赛的劲旅由广东省内名厨组成，队员来自广州酒家、泮溪酒家、大同酒家、南苑酒家，崭露头角的林壤明经严格挑选，与黄振华、潘革辉、徐丽卿等名厨奔赴卢森堡。

此为改革开放后中国烹饪协会首次组队参加国际大赛。林壤明与队员们深知：本次大赛的菜肴不仅代表粤菜、中国菜，更代表广州、广东、中国的形象，尤其这是中国首次以美食方式展现一个神秘的东方古国深厚的文化与悠久的历史，以及崭新的面貌与活泼的生机。他们倍感责任重大。

二

接到比赛重任后，队员们进行三个月的高强度集训。他们在不同酒家日夜研究比赛流程、规则、细节，因为他们是首次参赛，更是第一次面对各种国际化的条文与指引，所有细节必须烂熟于胸、脱口而出。

后来，他们集中讨论应以何种菜肴去展现中国文化与当代风采，但因食材需自备，他们还仔细斟酌所带食材的保鲜方法与形态。

辗转中国广州、新加坡、英国，最终，他们到达位于法国、德国和比利时包围中的卢森堡。

他们顾不得休整，马上走进超市寻找食材，后更踏进唐人街，四处寻觅心中食材，而林壤明从广州将两个几十斤重的冬瓜装在滚轮行李里随身携带，其中的繁琐与劳累，笔墨难言，但几经转折，终于完整无损带到现场。

三

此次比赛，来自16个国家的队伍云集卢森堡。世界各地名厨第一次看到中国厨师，他们倍感好奇。现场的红灯笼、大宫灯、小花瓶、茅台酒及林壤明的冬瓜龙船雕，充满庄重、端雅、热烈、亲和的中国风格，吸引了世界各地大厨的双眸，而见多识广的评委们也对这些夺目的装饰深感惊喜。

不过，进入竞赛，评委们回归专业状态。他们对现场布置、菜肴款式、摆盘样式、卫生程度、厨师着装、厨余处理、行为进退都严苛打分，一丝不苟，毫不留情。林壤明的"孔雀开屏""菊花鱼"以其逼真传神的造型与生动活泼的形态赢得满堂掌声，队员们制作的甜点"鸡仔包""香麻炸软枣"深得同行推崇。

四

林壤明的"孔雀开屏"以其独有的东方端庄大雅气息与吉祥圆满的寓意获得评判团的一致推崇，并被列为下一届烹饪大赛宣传画册的封面。

中国队首战告捷，总分名列第三，获金牌5枚，其中林壤明的两款菜式，令其成为金牌得主之一。

他和队员们站在领奖台上，看着国旗随国歌响起而冉冉升起。当时，自豪、骄傲、感慨、欣悦涌上心头。

这是中国厨师从后厨走向国际顶尖赛事奖台的开始，也是中国厨师向世界展现国家美食文化精华的历史时刻。

他深知，粤菜已成为他继续深入探究的重大课题，也是他人生中最重要的部分。

  1992 年，林壤明参加在德国法兰克福举行的世界奥林匹克杯烹饪大赛，他沉着稳重，以"绉纱元蹄""红烧贡蘑"夺得铜牌，成为国内不断问鼎世界厨艺的名厨。这一年，他才年过不惑，但他清晰知晓自己的人生价值：精烹粤菜，展现岭南饮食精髓，弘扬中国文化精华。

参加国际烹饪文化交流（林壤明供图）

第六节　八仙宴名扬岭南

1993年，泮溪酒家根据民间八仙传说，致力推出"八仙宴"。林壤明主动提出负责此事。

他虽知何仙姑出生在增城、吕洞宾常在西樵活动、韩湘子是韩愈的侄子，但关于八仙钟爱的美食，文献毫无线索。他咨询资深厨坛前辈，也无所收获。

林壤明和助手们决定另起炉灶，开始琢磨每位神仙的特征与爱好，融入相配菜式，书写新的故事。

他用西芹鲜菇炒海鱼球，配衬何仙姑窈窕素淡的仙女形象；香蕉片与青瓜片造型的钟汉离芭蕉，结合杏仁、红椒，成为八仙宴中唯一的纯素菜；一半煎，一半芝士焗焗的大白鳝，填满剖开的葫芦瓜中，让人脱口而出这就是铁拐李的宝葫芦，这贴切的造型总引起人们好奇地打听这位神通广大的神仙的葫芦里到底藏什么药；花雕蒸大黄蟹，丹红一片，隐隐衬托曹国舅这位宋代高官的显赫身份；而竹笙制作的箫子造型，与玉树临风的韩湘子飘逸俊朗的形象不谋而合，引得人们纷纷赞叹。人们最喜欢的张果老，则以浓香的山珍去折射他倒骑毛驴、出入深山老林的仙风道骨；人们最熟悉的吕洞宾，其菜式为鲍鱼、蹄筋与巴戟焖炖，以体现"纯阳"真谛。

八款菜式同台竞艳，青碧素淡与浓香肥腴各领风骚，菜名引发的汩汩灵感和八仙神奇的传说，引起人们超越饮食以外的广泛兴趣。

这款充满吉祥寓意、又散发着积极向上气息和对美好生活憧憬的八仙宴，一经推出，立马受到市场热捧。食客与市民纷纷热议，当年就夺得广州市美食节金牌。

在人们的真诚掌声中，林壤明看到粤菜源远流长的深厚历史底蕴，也感受到粤菜在保持传统精髓并进行适度创新后对市场消费的巨大引导力，也触摸到其背后宽广的文化及市场空间。

第七节　出任行政总厨

一

1995年，林壤明出任泮溪酒家行政总厨，负责厨房的组织管理、食材的采购监控、厨师的调动分配、部门的协调合作。身份的转换逐渐将他引向厨艺深研、业务管理和市场应对三个领域。

20世纪90年代中期，人们逐渐从满桌子浓肥腴香过渡到荤素配搭、渐离浮华的理性消费。因此，珍贵食材的减少与用餐模式的改变令餐饮企业利润渐减，大小酒家饭店都采用各种方法吸引顾客，竞争更白热化。

作为老字号广州名店，泮溪酒家虽客源稳定，但面对风云变幻的大市场，他们决定适度调整市场经营方法，从纯粹高档粤菜酒家转变为适合大众消费的粤菜名店，将隐藏在园曲幽处的粤菜厨房妙品引向普通食客，令大众可品尝到身怀绝技的妙匠大厨的拿手绝活，也令这些专业食家桌上的佳肴成为寻常饕餮的箸下妙品。于是，林壤明开始推行"厨师编号"制度，实现菜肴全程跟进的管理制度，以确保每道菜皆精心烹制，酒家能在风起云涌的市场竞争中以稳定质量脱颖而出。此外，林壤明还主导推出令人耳目一新的"顾客点制"餐饮制作模式。

二

林壤明深知，围绕泮溪酒家，在西关大屋脚门樘栊紧闭的大屋深处，昔日的簪缨世家鳞次栉比，钟鸣鼎食、山珍海味为不少西关老爷、太太、小姐、少爷的饮食日常，将他们对昔日桌上佳肴的清晰回忆与制作妙法逗引出来，不啻是为整天在厨房挥勺调味的厨师们提供更多题材，还能增添大批鲜活而现成的正宗粤菜精华，有效挖掘与承传深藏民间记忆的饮食文化遗产，更可将它们重新引入市场，让宾客在品尝、推荐中给予它们更澎湃的生命力。

同时，来自各地的宾客根据自己的喜好与经验对各种餐桌菜肴提出要求，这既是对厨师领悟力、制作水平、市场适应度的全新挑战，也引导他们通过市场需求、食客诉求、酒家要求快速而专业地烹制宾客心目中的粤菜佳肴。这对名厨们来说确实是前所未有的重大课题，也要求他们纷纷从厨房深处走出，与食客们深度互动。

林壤明深知大厨们深湛的功力与对粤菜精深的认识，市场化运作模式的引入可令他们将华堂佳肴与寻常百姓餐桌美味融为一体，也是大厨们走向柳暗花明的必然路径，亦不失为酒家突破重围、自我革新的难得机缘，更重要的是宾客、厨师通力合作能充分激活隐藏在食材深处的味道精华和提升人们的味觉灵敏度。

泮溪酒家率先走进市场，成为探索粤菜文化与饮食市场的先行者，这为它日后屹立在更激烈的市场竞争中奠定扎实的文化、技艺、理念、管理基础。

三

粤菜从清代的香浓盐重到现当代的清淡、鲜活、素净、新奇，隐隐折射出人群职业的变化与口味的渐变。

进入20世纪90年代，人们更追求意象怀旧、制作精湛、口味清新的现代粤菜。关于粤菜，素有"食在广州，味在西关"的说法。

清代以来，饮食名家与其拿手佳肴层出不穷。因此，林壤明率领厨师，从脚下的西关入手，深挖散落各处的美食佳肴与美食故事，推出流动着岭南水乡意蕴的"荔枝湾风味""泮塘乡小炒""田园土风宴""西关风情宴"等，其中白切鸡、豉油鸡、古法烧鹅，深受老西关食客追捧，而金龙化皮乳猪、八宝冬瓜盅、牡丹鲜虾仁、瓦罐水鱼深得年轻饕餮推崇。林壤明团队更根据不同季节与口味需求，推出四季佳品，暗合春养、夏清、秋润、冬补的岭南传统美食养生法则，深得大众青睐，这折射出粤菜适时变化、贴近市场、吻合需求、主动创新的澎湃活力。

四

作为行政总厨，林壤明带领团队继续开发"满汉精选宴""随园食典精选"，在传统岭南美食的基础上延伸探寻江南、中原饮食文化精华，积极融进饮食大传统中，赢得越来越多中外食客的推崇，而他们充满地方气息的"八仙宴""西关风情宴"成为南来广东，旅游广州的人们必点宴席。

人们通过水灵的菱角、脆生的蔬菜、脆香的乳猪皮、生猛的河鲜、嫩滑的乳鸽、甜润的双皮奶去领略与众不同的粤菜精华，更通过舌尖与双眸认识到一个美食历史悠久、文化积淀深厚、风光绮丽秀雅的岭南。

一直与大厨们埋头研究菜谱、味道、技法的林壤明，积极与国内外酒家联盟、交流、互动、借鉴，带领团队一路向前，令泮溪酒家成为粤菜美食的重要代表。他沉着稳健、深挖传统、承传精粹，又开拓进取、博采众长、中西融合。他的餐桌上，既有地道的上素腐皮卷、白灼河虾，又有时尚的芥辣肘子、咖哩牛肉，所有菜式无不精烹细做，妙物巧制。林壤明更通过深化厨师队伍建设，着力协助推动酒家深耕细犁，走向时代的美食前沿，而他自己"顺，不妄喜；逆，不惶馁；安，不奢逸；危，不惊惧"，着力推进粤菜文化的弘扬与餐饮事业的探索。

五

在推进行政管理的同时，林壤明对技艺的探究与理论的总结从未松懈，相反，他对古今名厨大匠百炼成钢的技法与深湛精透的归纳深感敬畏与敬佩，自身的技艺也日渐精湛，在国内外餐饮行业备受瞩目。

1996年，林壤明出任第二届、第三届中国烹饪世界大赛，第四届全国烹饪大赛，首届粤菜全国烹饪大赛等国际级、世界级竞赛的评委。

来自各地的顶尖大厨、不同地域的饮食风格与烹饪手法，如北方菜肴的雕功、江南佳肴的精致、西北菜系的醇厚，不断丰富和深化着林壤明对饮食的认识与见解，他也缓缓将其引进酒家的烹饪制作与管理思路中，而自身丰富的竞赛经验，为他日后组织各种大赛、带领团队折桂踏鳌奠定充满细节与见解的基础。此外，充满实践依据的理论与务实开阔的视野，和而不同、兼容并蓄的为事风格，也令他在国内外厨师界深受推崇。1999年，林壤明被中华人民共和国民政部评聘为餐饮业国家一级评委。

2000年，林壤明获授中华人民共和国民政部第一批"中国烹饪大师"称号。

这是国家机构首次授予烹饪行业贡献卓越、功深技湛、德隆望重的行业俊彦的荣誉职称，也是新中国成立后广东省第一位获得这一殊荣的国家级大厨，为广东顺德这座美食名城增添特殊荣耀。

第八节　自豪是个陈村人

一

虽然行走天下，名闻中外饮食界，林壤明更深感自豪的倒是顺德陈村人这个身份。

顺德菜源自河汊纵横、田基交错的水乡，那里塘鱼生猛、虾蟹壮实、猪禽多样、蔬果清鲜，是粤菜重要发源地。

清末以来，顺德人饮食逐渐多样与精致，名厨辈出，巧手妙烹，佳肴各领风骚，顺德菜淡雅清新、自然俭朴，以清、鲜、嫩、滑、爽名闻远近，而"本味"与"真味"更令其充满哲学意味。

顺德北端的陈村，地处西江、北江交汇处，渐成花卉、桔果重要输出地。

清乾隆十三年（1748年），陈村在如今南涌一带建新圩，以满足繁盛的经济发展需求。大批农副产品通过新圩的各种埠头不断外输，新圩一带渐成广东省内重要的内河港，更发展为繁忙的花果埠。

数百年间，繁盛蓬勃的水陆码头将陈村催生为珠三角实力非凡的水乡小镇。清代，顺德陈村与当时的广州、佛山、东莞石龙鼎立岭南，成为广东四大名镇之一。

二

20世纪20年代，陈村新圩同乐街的食街有酒店十多家，如大欢喜、琼雅楼、海珠楼等，其中鸡球大包、淋油煎堆深受食客追捧，而维新路的名店龙泉酒家、桥珠酒楼推出的"星期美点",也深受食客喜爱。当时,新圩一带,夜宵有狗肉煲、艇仔粥、煲仔饭,香飘乡里,深受推崇。

林壤明在陈村插队时,常听老人眯着眼,悄悄交流昔日陈村的美味佳肴,令其倍感自豪,而简朴、自然、本味的顺德美食文化,成为他通过家乡美味,走向粤菜制作与推广的源泉。

三

改革开放后,顺德菜融入港澳美食文化,吸收世界各地佐料与制作手法,融会贯通,还针对广府食客要求高、口味精、好时尚、崇新鲜的需求,潜心改良酱汁勾芡,着力于清、爽、嫩、滑的滋味磨砺,以食材的新鲜与味道的本真去延续粤菜充满水乡气息的底色,推动顺德菜在近几十年的基础上更上一层楼,名闻远近。

精致炒虾仁(李清华摄)

四

作为顺德人和功深艺精、见多识广的国家级大厨,几十年间林壤明一直往来于顺德、广州间,将经验与心得带回家乡,助力顺德饮食发展。

1999年,顺德组团参加四年一届的全国烹饪技术大赛,参赛经验丰富且熟悉比赛规则的林壤明成为团队的总顾问与技术指导。

林壤明请参赛人员烹制出自己拿手的佳肴,搭配为"顺德风情宴",再根据食材、味型、制作手法重新组合,以符合大赛规则。同时,他还对参赛人员进行半年的高强度培训。北上京华后,他们以顺峰山庄作为培训基地。北京的食材、水质、气候与南方大相径庭,他们逐一克服外来因素的影响,调整食材与作品,重新设计风情宴,突显顺德水乡美食气质。

年轻的顺德厨师们通力合作,独特的凝聚力与积极向上的内在精神帮助他们不断化解比赛中的各种意外。因此,顺德参赛作品甫一亮相,立即引得满堂喝彩,获得评委的一致赞赏,他们因此获得团体金奖,而谭永强以东海海鲜酒家名义独立参赛,勇夺大众筵席最高奖项——优胜杯。

说到家乡美食,林壤明总是滔滔不绝(龙吟啸摄)

顺德名厨在全国大赛中集体亮相，以金牌得主的身份成为顺德美食品牌的代言人，他们真切体会到林壤明的着力扶掖与无私付出，并因此结成一生的深厚友情。林壤明则深感顺德美食名扬华夏着实需要无坚不摧的团队精神，而这种精神的锻淬，不仅需自身设定高远的人生目标，更要地方专业团队逐渐形成共同的价值观，优势互补、深度合作，朝着更深远的方向不断挺进。

　　因此，林壤明常逗留在家乡，成为年轻厨师们亦师亦友的至交，后者在其熏陶与鼓励下，精进奋发，拔节向上，成为粤菜制作英才。

　　随着大批年富力强的顺德名厨成为中国烹饪名师、中国粤菜烹饪大师、顺德十大名厨，林壤明看到顺德这一粤菜重地那令人欣悦的未来。

第九节　助推粤菜美食发展

粤菜的弘扬与光大，最需心无旁骛的孤往者。孤往者的一路前行，最需无私奉献的引路人。

深感粤菜文化博大精深的林壤明，一直在寻找德醇心清、洁身循节的年轻英才，因此，几十年间，他始终推行"名师带徒"项目，手带口授，言传身教，将心得经验毫无保留地一一传授，帮助徒弟技精艺深，出类拔萃。其高徒何继雄获第四届全国烹饪大赛金奖，获评"全国最佳厨师""广州十佳外来员工"称号，而曹海枝勇夺第三届中国烹饪世界大赛铜奖。

人们从林壤明的两位高徒身上，看到这位国家级大厨光风霁月的襟怀与广育英才的情怀。林壤明深知，心得与经验，化作春泥，可孕育出满目芳草萋萋，红花摇曳，那才是粤菜令人欣喜的明天。

2014 年，林壤明与广州市白云工商技师学院合作成立"林壤明技能大师工作室"。这是由中华人民共和国人力资源和社会保障部颁授的大师工作室。

每年，学校通过面试从烹饪专业学生中挑选出 30 名学生接受培训，半年后，经严格考核，再选出十余人重点培养。三年后，经考试与口试，选出 8 名优胜者，最终成为其门徒。林壤明则根据他们的特长，因材施教，着力将他们打造成粤菜专才。

这种高技能人才带徒传技的模式，完好地延续着师徒经验与文化递送的传统，更让彼此形成深厚真切的感情，学生们可从林壤明的性格、品行、为事风格中获得更直接而久远的熏陶，形成难以磨灭的人格影响，实现超越纯粹技艺而深埋内心的文化承传。而高徒蔡汶峰、黄儒浩在 2014 年广东省餐饮行业职业技能大赛中获得团体金奖，令林壤明的深湛技艺与文化卓见以另一种形式获得淋漓尽致的传承与弘扬，实现着一位国家级大厨深耕粤菜、作育英才的宏愿。

林壤明与顺德地方美食研究者一起（甘慕仪供图）

如今，林壤明往来各地，为粤菜的深入发展与推广奔走、研究、呐喊。他深知：粤菜是岭南文化中看似直观实则最隐蔽的精华，需有心人去推广、宣传、弘扬，更要各种力量的联结，去深挖、光大、传播。年过古稀的他，正默默地扛着粤菜的大旗，风雨无阻，一路前行。

第四章 梁福团：他乡赤子情

梁福团，1952年11月在香港出生，祖籍广东省佛山市顺德区陈村镇大都村。1970年移民比利时；1975年任比利时南京饭馆负责人；1980年加入旅比华侨联合会，连任三届主席，并获中国大使馆聘请为领事保护联络员；2016年加入世界顺德联谊总会，任副会长；2018年加入欧洲荷比深圳总商会暨联谊会。

1994年梁福团协助妻子彭莲考创办安特卫普中文学校，积极推动华文教育；2007年组织中国雪暴灾区筹款活动；2008年组织四川汶川大地震筹款活动；2010年以旅比华侨联合会主席身份组织甘肃泥石流筹款活动；2021年捐款支持陈村教育基金。

第一节　远赴比利时　白手创实业

一

梁福团，1952年出生于香港。1970年，他远赴比利时，寄身堂兄在安特卫普的店铺。

每天，他早上7点上学，下午3点放学。彼时的他已过十八，但在学校仍跟一群十三四岁的同学一起攻读荷兰文，虽颇觉难堪，但言语不通，寸步难行，他晨昏苦读，不久，学业渐入佳境。

每天放学，稍事休息后，梁福团就在厨房忙碌劳作。刨土豆、洗碗筷、打春卷皮、拆鸡肉，繁杂琐碎，日夜重复，但他从未叫苦，相反，他发现此处食材丰富，天然健康，便尝试制作蒸鱼、烧鸭、炒豆角，推出后竟大受欢迎。那些吃惯啤酒炖牛肉、香甜土豆泥、贻贝薯条的比利时人也深感兴趣。

此时，一个念头怦然跳出：美食，可成为一个人生新空间。从利玛窦英文高中毕业后，梁福团勤奋劳作，将中西美食制法融会贯通，后成掌勺。

二

4年后，21岁的梁福团与他人合股开餐馆。一年后，他斥资独开餐馆——比利时南京饭店。

安特卫普为比利时第二大城市、欧洲第二大港，是欧洲人口最密集的地区之一。随处可见的古老建筑，让人恍如踏进遥远的中世纪。悠扬的教堂钟声与漫天飞舞的白鸽独具欧洲浪漫情调，而世界著名的钻石中心与众多积淀丰厚的博物馆、艺术馆，令其成为欧洲著名旅游城市。坐落于此的南京饭店因其食材新鲜、烹饪精致而成为宾客往来不息的美食重地。

第四章　梁福团：他乡赤子情

每天在饭店内，梁福团是老板兼大厨，他太太彭莲考为服务员和出纳、会计。制作美食虽是顺德人拿手技艺，但餐厅经营却颇为辛苦。凌晨，他们摸黑挑选食材。清晨，刲鱼摘菜。中午，炒菜端盘，迎来送往。下午，备餐。晚上，满身烟火，挥勺不断，直到夜阑灯残，才抹却头上汗水，结束一天辛劳。幸好，他们年轻力壮，心怀梦想，每天劳作都为明天前行种下希望。

梁福团一家合影（梁福团供图）

从满头乌发到秋霜入鬓，他们就在南京饭店并肩奋进。目睹这座大城市每天的车水马龙、秋月春风，他们的事业也逐渐走进柳暗花明新天地。

餐馆步入正轨后，梁福团加入旅比华侨联合会，太太彭莲考创立妇女会，后更与丈夫合创中文学校。

此后，由于"华联会"事务渐多，加上家中后辈不再从事餐饮，他们的餐厅仅在周末营业，以作故旧亲朋相聚空间，梁福团夫妇则全身心投入"华联会"工作中。

第二节 出任"华联会"主席 谋求更大发展

一

1970年，梁福团初到比利时。他目睹旅比华侨联合会全身心致力服务侨胞，特别是老华侨对晚辈与新来者关怀备至，其春风蔼蔼、周到细致，令人不觉身处异方。他们还定期联谊，邀请高朋挚友出席，以促进友情，让彼此深交，大家义同兄弟，令他倍感亲切。

20世纪80年代，梁福团加入华侨联合会。从此，古道热肠的他敬老

安特卫普市唐人街（梁福团供图）

尊贤，扶危救困，事无巨细，全力以赴，他还慷慨捐资，救伤问孤，济寒赈贫，深孚众望。2003年，梁福团获选为旅比华侨联合会副主席，2010年当选为主席，并连任三届，2021年退任。

二

"华联会"始创于20世纪60年代，是比利时历史最悠久华人团体。会员多来自广东、香港，旨在联结侨胞，沟通信息，相互扶持，促进中比两国交往。

其创立，源于1966年当地媒体报道华人餐厅贩卖鼠肉事件。此事本为无中生有，却满城风雨，当地华人瞬间紧密联合，奔走呼吁，据理力争，以维护清白，后经查处一切均为子虚乌有。风消云散后，散落各处、独自营生的华人开始互通信息，彼此相交，更从1968年始举办春节联欢会，欢聚一堂，恭贺新春。1972年，他们正式注册，成立比利时第一个非牟利合法华人社团，后于1983年购置永久会所，内设中文图书馆与康乐设施，以便华人相聚。

"华联会"会所地处安特卫普市唐人街牌坊入口处，中国大使馆领事部与中国银行也曾在此设立临时办公室。

几十年间，"华联会"接待过大批中外官员与访问团，成为当地华侨与各地华人沟通交流的重要桥梁。

三

"华联会"与中国政府一直保持良好而紧密的关系，他们曾接待过众多国家领导人。

2014年，中国大使馆聘请梁福团为领事保护联络员，告知他负责带领"华联会"会员参与习近平主席访问比利时的筹备工作。

为保证现场安全与热烈气氛，梁福团预先筹划，精密布置，联络各方人士，密切配合，以确保万无一失。到访当天，他带领"华联会"华侨数百人，手摇国旗，夹道欢迎。

习近平主席在皇宫顺利完成外事活动后，亲切接见为海外侨胞真诚服务、贡献突出的梁福团大儿子、"华联会"法律顾问梁海量律师。

习近平主席圆满结束比利时访问后，幕后默默付出巨大努力的"华联会"获中国政府嘉奖。

积极推动侨务工作的梁福团（梁福团供图）

2017 年，中国海军第二十六批护航编队首次到访比利时安特卫普港，"华联会"与安特卫普妇女会等侨团组织的侨胞冒雨迎接，几百名群众在安特卫普港参观中国军舰。

一身整齐威严军服的中国官兵们向他们敬礼，并细心介绍舰中装备，华侨们深感自豪。

风雨中，群众手中国旗不慎落地，大家连忙拾起。华侨们深知：祖国亲人到访，他们无比光荣。祖国强大繁荣，是华侨的无尽荣耀。对祖国的一切，需分外珍惜。

目睹此场景，梁福团深受感动，更深知自己职责的独有价值与意义。

第四章　梁福团：他乡赤子情

每年春节，梁福团皆诚邀各国朋友共贺新岁（梁福团供图）

四

除却管理内务，梁福团更带领"华联会"积极参与各种社会活动，完善会务，令"华联会"影响广远。

2018年，梁福团加入领事保护志愿者服务团，还参与顺德电视台"顺商传奇"节目制作，讲述海外华人奋斗史。2019年，梁福团带领"华联会"与华商丝路商会周到接待国务院港澳政协代表团。

一直以来，"华联会"主动与当地市政府建立良好关系，多位市长皆应邀参与"华联会"的各种庆典活动。他们更积极配合政府工作，不仅参与建设唐人街牌楼，更合力举办博物馆的"华人登陆百年"纪念活动。他们精心参与策划的"华人登陆百年"纪念活动，吸引逾4000人参观，令人们重新目睹百年间华人从登陆到谋生，从奋斗到贡献社会的艰苦卓越却充满激情的历史。梁福团在活动当天的英语演讲词入藏博物馆。

近年，"华联会"除组织春节联欢晚会、迎国庆贺中秋晚会和夏日旅游外，还积极参与大使馆组织的各种活动，如春节大巡游、四海同春、领事保护工作。

2018年岁末，曹忠明大使走访"华联会"，邀请梁福团牵头带领二十多个侨团举办安特卫普市农历新年新春巡游。此事涉及众多协会，彼此背景相异，价值取向不同，但梁福团奔走各处，沟通商议，折中平衡，抽丝剥茧，落实细节，最终在大使馆与安特卫普市政府支持下，安特卫普市2019年首届春节大巡游成功举办。

斑斓多姿的花灯、灯笼，矫健敏捷的雄狮、神龙，热闹跳跃的传统音乐、喜庆鲜艳的传统服装及人们自然流露的灿烂笑容，成为新春佳节这座古老的西欧城市最吸引民众的活动。

梁福团默默凝视着这个场景，内心充满欣慰与自豪。

五

作为比利时历史最悠久的华人社团，"华联会"与江门市青年联合会、江门市青年企业家联合会、深圳市归国华侨联合会签署友好社团协议书，共同推动青年才俊的交流与合作，谋求更大合作与共赢空间。

2017年，梁福团代表"华联会"远赴北京、天津，参加第二届世界华侨华人工商大会，致力宣传"华联会"，更探索多方合作新路径。

2018年，深圳市委侨务代表团访问欧洲期间，华侨联合会携手旅比华人专业人士协会、欧洲荷比深圳总商会暨联谊会汇集布鲁塞尔，合力襄助2018年深圳高层次人才引进推介会。此前，梁福团联络四方，召集各方精英近百人准时参会，推动招聘会圆满举办。深圳市委聘梁福团为欧洲荷比深圳总商会及联谊会副会长。

主动融入与不计回报，成为梁福团带领下的"华联会"最大亮点，也令其成为深受欢迎与信赖的华侨团体。

六

任职期间，梁福团最为关注的仍是寻常的华侨民生。

2017年，他以"华联会"名义致信市长，叙述华埠治安欠佳，华侨难得安宁，要求加强巡逻。警察局获信后，马上派员前来，商议预防措施。自此，华人居所与社区渐见安宁。人们心无旁骛，安居乐业，交口称赞"华联会"实事惠民。

2020年，"华联会"向深圳侨务办公室及深圳市归国华侨联合会反映比利时疫情严峻，马上获赠3万个口罩，他们立即发放给"华联会"与妇女会会员、唐人街商户、佛光山、华人教会、安特卫普的广东侨胞，为华侨健康搭建一道坚实屏障。

在"华联会"的会所中，梁福团夫妇俨然大家的长兄与大姐，事无大小，皆必亲躬。人们最喜欢在会所中闲话往事、彼此相依，红白喜事请帖皆放置会所中。大儿子梁海量律师热心真诚，竭力为同胞排忧解难。良好家风，默默承传。

梁福团虽为"华联会"主席，更是领事保护联络员、中国领事保护志愿团成员。因此，凡是华人遭遇困厄，他们必先寻得梁福团请求协助，而梁福团皆竭尽所能，力求尽善尽美。

一次，某东北女子忽患疾病，无钱医治，辗转多日，居留过期。梁福团得知后，马上与一位中医朋友前往探望，对症下药。不日，药到病除。女子痊愈后很快就寻得工作，异国他乡，举目无亲，却获此无私帮助，女子深感大恩难报，而梁福团却摆摆手，淡然一笑，温言安慰后，继续其匆忙脚步。

一对中国老夫妇来欧洲旅游，在意大利观光时，老先生不慎摔倒，当时不以为意，来到安特卫普后，突然病情危殆，被送进医院急救时才发现他身患血癌。因言语不通，老太太只好寻求领事保护，梁福团以领事保护联络员身份到医院协助。但其后医治无效，老先生命陨异方。梁福团密切关注此事，直至他们的儿子来处理后事。

诸如此类事件，每天纷至沓来，但梁福团必化难为简，悉心处理。

若涉及法律难题，梁福团必请梁海量律师鼎力襄助。

一位华人车祸离世，剩下妻儿四人。其岳父母来到比利时帮忙处理后事，很想留下来协助女儿照顾孩子，但因年老体衰，不获批准。签证很快就到期，梁福团父子前往了解情况并义务提供法律意见，终于帮助两个老人延长居留，好生照顾孤苦后辈。

梁氏父子，致力华人事务，不求回报，公而忘私，深孚众望。

第三节　开办中文学校

一

梁福团与太太目睹家中晚辈精通荷兰文、法文、英文、德文，但对母语却陌生难言，他们深感忧虑。

加入旅比华侨联合会时，梁福团就倡议开办中文学校，获全体理事赞成。为传承中华文化，梁福团夫妻慷慨出资，并肩前行，梁福团负责硬件设施，他夫人主责师资搭建。1994年，"华联会"与安城妇女会合办的安特卫普中文学校开学。

潜心推广中华传统文化（梁福团供图）

此为非牟利性华文语言学校，也是比利时第一所大使馆认可的华文学校。梁福团任校董，其太太彭莲考当校长。学校每周三与周六开课，开展任重道远的"留根工程"。

彭校长对学生作业情况、老师教学质量、课程进度推进无不亲自跟进，梁福团则融合各方资源推动学校发展。夫妇常巡视学校，从安全保障到茶水、电灯、煤气，无不亲力亲为，以求万无一失。

他们深知：百年树人，需一丝不苟。

二

缓缓三十年已然过去，大批当年蒙童已学有所成，成为社会栋梁，但三十年间，梁福团夫妇仍如当初设立学校那样，深耕教育，不慕浮华，绳锯木断，水滴石穿，故桃李无言，下自成蹊。如今，学校已成华人子弟接续祖国文化、外国朋友了解中国文明的一扇窗扉。推窗远眺，那是千峰竞秀、万壑争流的中华文明。

"鼓钟于宫，声闻于外。"2013年，安特卫普中文学校获国务院颁发的"华文教育示范学校"称号，更获中国国务院侨办赠送的华星书屋与资助的固定资金。

十多位中国籍女老师晨昏教学，三百多名学生勤奋攻读，不少华人驾车数小时，坚持接送小孩，以语言和文化接续那悠久的祖国血脉。孩童们不仅学得华文，更习得尊老爱幼、谦恭和雅、进退雍容，令家长大喜注心。

梁福团夫妇虽为此殚精竭虑，但传道、授业、解惑，功德深远，他们深感无憾。

第四节　鼓励参与竞选　谋求大众福利

华人谋生海外，无不勤奋自励，但大多孤身奋战，不善联结，更自我封闭，不为人知。

梁福团深知，政府措施出台，往往影响社会民生，要想掌握命运，需主动融入主流社会，参政议政，方能为华人争取福利，维护权益。

在其鼓励下，梁海量律师参加3次选举，终于在2017年成为安特卫普区议员，成为华人登陆安特卫普一百多年来第一位华裔区议员。

2018年，梁海量律师与彭莲考校长母子代表自由民主党同台参选。梁海量口号为"积极、勇敢"，彭莲考口号则是"多元安城，多彩人生"。他们奔走各处，积极竞选。梁福团则带领"华联会"成员踊跃投票，呐喊助威。

此次参选虽未能取胜，但母子同台，为民谋利，成为城中佳话，更激发年轻华人积极奋起，沧海扬帆。

母子同台积极竞选为民众谋求更大福利（梁福团供图）

第五节　深情回眸　情系桑梓

梁福团虽身处西欧，却无时不牵挂故里。1982年，梁福团不远万里，回到故乡大都村。在古老祖屋，他敬献香烛，祭祀列祖，以慰先灵。

"问姓惊初见，称名忆旧容。"古老唐诗，竟在这片乡土中一一呈现。

故乡大都村入目皆鱼塘与青砖旧屋，乡村独有的淳朴气息无处不在，那是他梦魂萦绕的故乡，那是他的祖辈一生躬耕其中的故土。自此，他每年往返中比多次，只为深深触摸那散发着熟悉乡音的故乡。2013年和2016年，他更携家人和比利时华侨返乡，让他们亲眼目睹祖国秀丽山河与繁盛社会。

多年来，他率团回国，参与各种文化经济交流，以促进两国合作与发展。2015年，他返回家乡顺德，与教育界交流华文教育，更为两地教师互访深造提供便利。

发动同胞向灾区捐款（梁福团供图）

2016年，梁福团加入世界顺德联谊总会，因其德高义深，获选为副会长。2017年，他得知家乡推进环保设施，非常关注，当顺德环保局考察团来比利时调研现代化环保建设时，他热情款待，希望为家乡发展作出贡献。

如今，梁福团仍为两地沟通忙碌操劳，但乐此不疲。

梁福团心怀故国，情系同胞，尊老敬贤，一心为公，且联结侨胞，和衷共济，经营社团，声闻远近，他更慷慨解囊，率先垂范，振穷救急，助人渡难，尤其是居中持重，屡仁秉义，才略深敏，功成弗居，故深孚众望，少长咸钦。

"深耕善因，福泽后世。"此为梁福团座右铭。

"士以正立，以谋济，以义成"，梁福团当之无愧。

第五章 陈霖峰：春入千门万户中

陈霖峰，1965年出生。祖籍广东省佛山市顺德区陈村镇旧墟，1989年华南理工大学建筑学硕士毕业。自1993年起，担任佛山市顺德建筑设计院股份有限公司方案室主任；1999年始任副院长；2003年任职总经理；2011年任院长及副董事长；2019年任董事长兼院长、总建筑师，全面负责公司经营管理工作。国家一级注册建筑师、教授级高级建筑师及高级城市规划师、香港建筑师学会会员。广东省注册建筑师协会常务理事、广东省土木建筑学会专家、广东省工程勘察设计行业协会岭南建筑分会副会长、华南理工大学建筑学院能源与环保领域专业学位博士研究生校外指导教师。

陈霖峰主要设计作品有陈村花卉世界主入口蝴蝶大门、郑裕彤中学、顺德第一中学（下文简称"顺德一中"）高中部、北滘华美达酒店等。曾获"第二届广东省勘察建筑设计行业杰出勘察工程设计师"等荣誉。

第一节　小镇生活成人生倒影

自小,陈霖峰辗转在顺德不同小镇。

刚开始,他随父母生活在容奇。20 世纪六七十年代的容奇,让人生出分外妥帖的宁静与安全感。

古老的小巷与蜿蜒的河水,成为陈霖峰小时候对乡村认识的开始

第五章　陈霖峰：春入千门万户中

当时的生活虽辛劳且单调，但人们将柴米油盐、春风秋月融进悠闲有序的生活中，形成舒缓漫长岁月里的小情趣，倒也难得舒闲。

几百年来，那些被烟火熏得黝黑的小房子，主人从没中断，房子的高低大小，朝向遮挡都恰到好处地满足人们晨作夕息、进退避让的日常需求。建筑与人们的关系分外紧密而妥帖。

后来，陈霖峰生活在陈村旧圩。此处自清代以来就是繁华商埠。随河水流向而衍生的弯曲小巷与临街店铺，以及高低错落的房舍，深深嵌入人们的生命轨迹中。

出门可取的河水，为人们淘米洗衣、送货迎朋、纳凉观景提供着无微不至的便利。灵动的流水对建筑、人群无处不在的照应，让逐渐长大的陈霖峰感受到水、人、建筑之间不可分割的紧密关系，这成为他日后设计的灵感底色。

稍稍长大后，他生活在县城大良。相对规整的街道与密集的大型建筑，让人穿行在层级秩序与自如舒闲交错中。轻掩的小脚门外，不时吹来特别清爽的阵阵凉风，那是昔日豪门大宅深处的过堂风，而攀爬在残墙上的霸王花，寂寞地点缀着更寂寞的小巷深处。昔日的豪华与后世的凋零，混杂在雨后小巷最深处，连同冰冷的花香，构成高贵与寻常交错的斑驳画面。

在顺德一中的四年岁月中，那源自古老书院的宏大却平实、规整却活泼的清新气息，令后来攻读建筑学的陈霖峰深深感佩古代建筑师对空间与老师授课、学生求知间微妙关系的精确把握。

入门处有一道笔直的校道，左侧是密集的黑板报，后面是婆娑的小树林，右侧是人跃马欢的篮球场，生机勃勃的校园与低矮规范的建筑，引人生出莫名的亲切感与安全感。

一排排同样大小的平房整齐并列，人们透过门窗，可看到几十位老师同时在讲台上滔滔不绝。那种气势与氛围，自然升腾出一种令人敬畏的崇高感与肃穆感，这种感觉一直存留在他心中，成为他后来重新规划顺德一中高中部的蓝图。

第二节　导师影响不可抹却

20世纪80年代初，陈霖峰进入华南工学院（今华南理工大学）攻读建筑专业。研究生期间，他师从林克明、郑鹏两位先生。

林克明（1900—1999），广东东莞人，早年毕业于法国里昂建筑工程学院，曾设计广州市政府大楼、华侨大厦、东方宾馆、人民大桥、白云宾馆、流花宾馆、孙中山文献馆、中山大学梁銶琚堂等，更为人民大会堂、中山纪念堂的建设倾注心血。

1930年，林克明担任中山纪念堂建设工程顾问。解放后，多次主持中山纪念堂的维修与改善工作，令其成为岭南最著名的建筑之一。

林克明在悉心保存岭南建筑艺术精华的同时，力求环境与建筑风格的和谐统一，他将实用性与经济性融为一体，形成与江南园林、北方庭院相异的岭南建筑风格。

致力于追求设计的务实与沉雅、简朴与空灵、实用性与经济性，陈霖峰成为这位睿智深邃的岭南建筑大家的众多精神传承者之一。

郑鹏出生于1923年，浙江温州瑞安人。不善言辞的郑鹏从不跟随时尚，而是悉心呵护岭南建筑的质朴、务实、经济、多功能的特征。他承接林克明对岭南建筑神髓的坚守，成为岭南建筑艺术殿堂的重要守护者。

郑鹏对建筑尺度与数模的严苛控制，令质量的保证与空间的把控不断逼近毫无瑕疵的境地。这种自我突破的学术追求，对陈霖峰影响深远。至今，他每次下笔，仍不敢有所放松。

两位导师开阔而宽容的气度襟怀，沉实而谦和的人生态度，兼容且进取的学术风格深刻影响着年轻的陈霖峰，而 20 世纪 80 年代初扎实而纯粹的学风，开放而丰富的信息，激扬而蓬勃的风气，令他酣畅地吸取着时代的甘露，含浆拔节，茁壮成长。

几十年间，两位导师的德行、人品、思想与学术取向，似月影、暗香，令陈霖峰一直沐浴在智慧春风中。

不时，他蓦然回眸，似仍能远远看到他俩一直朝他颔首微笑，令其在人生道路上更淡定、自信、坚忍。

第三节　走入第一线

一

1989年，陈霖峰毕业来到如今的佛山市顺德建筑设计院股份有限公司（下文简称"顺德设计院"），当时为顺德县设计二室。

设计室成立于1958年。刚成立不久，它就参与人民大礼堂的设计与建设。当时顺德第一代建筑设计工程师古寿珠带领徐照培、吴国辉、卢剑文等组成设计小组，同时，来自华南工学院的罗明燏、邝正文的技术团队作为技术支撑，彼此深度结合，成功完成这一举世瞩目的宏大项目。这也奠定顺德县设计室的文化底色：毕业于专业院校的本地设计师、来自高校的权威专家、崛起于草根的制作工匠，三者结合，既有严谨精准的设计与判断，又有经验丰富的务实执行，更有彼此折中融合后充满适度浪漫主义色彩的探索，从此奠定设计室源自高校、融合地方的文化特色。

彼时，设计室主任是四十出头的梁昆浩。一直从事建筑设计的他经验丰富，充满创意。从20世纪70年代末开始，他就成功设计出珠海宾馆、巴黎中国城、仙泉酒店、顺德贸易中心，声名鹊起，誉满岭南。梁昆浩对这位刚刚毕业、机敏沉实、勤快谦虚的建筑系硕士青眼有加。

二

当时的顺德，经过十多年改革开放，开始进入产业初步转型与资本积累阶段。热火朝天的经济发展令顺德成为一个弥望无际、日夜不息的大工地。此时的陈霖峰，正好迎来大展身手的时代。

1991年，顺德建筑设计院一院、二院合并，梁昆浩出任院长。次年，梁昆浩精心设计的巴黎中国城开业，成为在欧洲中心区域展示中国古代建筑艺术与传统文化的重地，更在后来被列入联合国教科文组织的"世界文物保护区"。

这是以梁昆浩为主体的设计团队对中国建筑文化的重大贡献，而设计院更因规范的管理与瞩目的业绩备受关注。

1993年，顺德推行产权改革。顺德建筑设计院成为全国第一家在产权改革中转制的企业。

顺德设计院优质的资产、稳定的发展、规范的管理、高远的目光折射出顺德人沉实严谨、开放高远的为事风格，企业转制的实施，也是他们在探索专业技术与企业管理，市场价值与人生意义中奉献给家乡顺德的集体智慧，顺德设计院也因此成为顺德企业中勇担历史义责和追求个人发展、集体利益与社会效益的典范企业。

一直参与改革转制事项的陈霖峰，亲眼目睹以梁昆浩为主体的领导层"铁肩担道义"的历史担当，他愈发感到作为建筑设计师，肩上所承担的不仅是客户的满意度，更有对家乡、国家、时代的深沉情怀与舍小成大、率身履道的广阔襟怀。

同时，他也深感技术与资本、市场与理想、务实与创意、管理与自律之间微妙深沉的关系。因此，他开始从纯粹的专业技术人员投向陌生的管理领域。

三

一直跟随梁昆浩等设计图纸、实地考察的陈霖峰深受上一辈设计师严谨又敢于突破常规胆略的设计风格熏陶。

20世纪50年代，他们设计出令人惊叹的大礼堂穹顶；20世纪80年代，他们将仙泉酒店设立在顺峰山半山腰；20世纪90年代，他们将顺峰山公园水面扩大到2000亩。所有这些，无不隐隐折射出他们寻求想象力与技术支撑力极限的胆略与魄力。那是充满浪漫主义色彩的大手笔，但又根植于严谨而精细数据分析的现实主义，他们在天马行空的思维与一丝不苟的技术空间中自如驰骋。

1999年，陈霖峰参与顺峰山公园大牌坊的设计。虽然顺峰山大牌坊的高度与结构灵感源于巴黎凯旋门，那是刚从欧洲回来不久的梁昆浩的遐思余波，但实也隐含着以梁昆浩、陈霖峰等为主力的设计师团队的一种内心期待：大牌坊要成为顺德人进入新世纪的标志性建筑。

顺峰山公园大牌坊已成顺德新地标（李清华摄）

如今，顺峰山公园大牌坊已成为人们参观顺德的必备项目，也是梁昆浩的又一顶峰杰作，这也令陈霖峰深感一位设计师与一座城市深沉而久远的依存关系。一位设计师的人生足迹，就由他笔下的建筑与亮点清晰划出，逐渐走向远方。

四

陈霖峰一直深觉幸运。因他在顺德设计院期间，顺德正进入稳健快速的发展阶段，顺德人的物质与精神需求发生微妙有趣却意义深刻的变化。

20世纪90年代初，安装电梯的楼盘无人问津。人们觉得电梯费虽微不足道，但不必增加毫无必要的经济负担。进入20世纪90年代中期，人们连三层楼房都反复询问是否已安装电梯，再也不问电梯费。这一细节，折射出人们居住观念的改变、对生活质量的关注与保健意识的增强。

此后，随着城市化程度的不断提高，人们对楼房座向、楼层、社区、交通、外观等细节更精益求精地甄选，由此可探知顺德人在坚守传统文化风俗的同时，对新鲜事物愈发开放的心态。

因此，20世纪90年代中期，顺德是全国最早将住宅商品化的地区。陈霖峰带领团队参与顺德从街边楼、单家独院到现代住宅小区的设计实践。

嘉信城市花园为中国香港、新加坡设计师的作品，他们后期参与施工图设计。

这种设计将饮食、购物、生活、休闲与住宅按合理间距东西分布，通过人们的自然流动将不同建筑与空间融为一体，令住宅小区开始成为融合多元功能的生活空间，并由此衍生出各种为此服务的蓬勃产业。这一引入香港小区概念的设计成为顺德城市生活的滥觞，人们发现：原来生活可以如此便利与高效。

此后，将住宅与休闲、娱乐、购物相融的观念，成为市民与房产公司的共识。"美的海岸花园、金海岸、美的御海东郡、康城花园等楼盘皆以集约、紧凑、高效的布局构成其内在运作逻辑，又以舒缓的外观实现着城市生活的快节奏、高效率、低成本，在提高人们的生活质量之余，从未以浮夸的建筑去切割空间的整体性和原始状态，这是他们极力坚守的原则。因为整体性是建筑的要义，它并非以整体外观呈现，然而，无处不在所构成的整体性本质却是一座建筑最独有的生命。"[1]

进入而立之年的陈霖峰开始探索设计质朴、色调淡净、功能多样、结构紧凑，符合生活需求与建筑内在结构两个自然生成逻辑的建筑空间。它在满足节奏不断加快的人们对生活快速高效与丰富多样需求的同时，也默默延伸着其导师郑鹏远离奢华浮躁，贴近建筑本质，满足用户需求的设计宗旨。

---

[1] 李健明：《妙匠营城——顺德建筑设计院六十年文化解读》，世界图书出版广东有限公司，2021年，第99页。

第四节　挥毫落纸

一

自20世纪90年代，顺德人开始建造学校。这固然得力于港澳同胞的倾力支持，也得源于顺德人"城市最漂亮的建筑就是学校"这一观念。

从小在不同学校读书的陈霖峰，对学校饱含感情。他最初着手改造的是小时候曾就读的陈村中心小学。在他的规划下，重建的小学房舍规整，舒朗顺畅。随着经历积淀，他逐渐将更多的乡土气息、文化元素、集体回忆融进设计中，这一理念，在郑裕彤中学的设计中获得初步实现。

陈霖峰设计郑裕彤中学的手稿（顺德建筑设计院供图）

第五章　陈霖峰：春入千门万户中

20世纪90年代初，陈霖峰将郑裕彤中学放置在一脉青山中。他充分利用山体的高低错落、左右照应，为学子们建成一座尽得山林静气、远离闹市尘嚣、充满昔日书院学社气息的现代校园。"蓝天白云红瓦"是陈霖峰心目中的校园景象，"春花秋月书香"是他内心的愿望。

大方雅致的设计，精致用心的结构与实用多元的功用，深得郑裕彤先生赞扬，也成为一代代郑裕彤中学学生攻读深造的舒雅空间，更为他们留下一生难忘的美好记忆。

郑裕彤中学（顺德建筑设计院供图）

从郑裕彤中学开始，陈霖峰将质朴、简洁、雅致、高效的设计理念融入新乐从中学、杏坛中心小学、陈村青云中学、乐从沙滘中学、勒流裕源小学、梁銶琚职业中学、德胜学校小学部与国际部的设计中，他内心期待"好山当户碧云晚，古屋贮月松风凉"，他更希望学子们"少年说剑气横斗，长夜读书声满天"。

如今，陈霖峰看到学生们在他设计的小道上匆匆赶路，在操场上纵情奔跑，在明月上西楼时看满天澄碧，更在记忆中留下校园中的一道溪流声、一声翠鸟鸣、一阵春花香。他意识到设计师对城市未来力量的深刻意义。

二

顺德一中高中部是陈霖峰奉献给母校的精心典范。碧树红花、灰瓦白墙背后，是设计院一中校友设计团队的心血。

团队以简练的线条与质朴的构想，将顺德一中当年古朴、苍茂、活泼、雅净的场景与跳跃、自由、轻快、上进的青葱岁月记忆融为一体，更将积淀百年、承传千载的古老文化底蕴中质朴、沉实、奋进、乐观的地方精神融入现代空间中。

开阔宁静的校园是陈霖峰团队回馈母校的心血力作（顺德建筑设计院供图）

因此，设计赢得评委一致激赏，更从激烈的竞争中脱颖而出。

走过大门，徐徐展开的是左右对称的教学与活动两个区域，隐隐将昔日顺德一中的入校大道元素引入此处，以延续古老书香。

校园左侧以教室、实验室、教师办公室、行政楼和进修室为主体，右侧以运动场、礼堂作对应，暗含人们对东南西北与主次轻重、动静对应的传统认知和功能判断，也在无形中灌输着自然地理与传统人文常识，"让学生在每天的晨昏研习中渐渐领悟日出而作、日入而息的东方古老传统，身体对应的方位空间与时间节奏，以及位置、时间、秩序、制度的微妙关系，形成进退有度，辨悟明晰的文化熏陶。"[1]

位于主轴线北端的图书馆，是整个校区各种通道的交汇处，也是左右两侧对应的折点。与旧顺德一中那小平坡上，鲜红凤凰花掩映下的图书馆相异，陈霖峰他们将河泥堆作小丘，构成传统的前水后山的布局，让一鉴方池的宁静水面映照充满智慧的后山图书馆，以配衬百年名校的厚重与沉实。

---

[1] 李健明：《妙匠营城——顺德建筑设计院六十年文化解读》，世界图书出版广东有限公司，2021年，第60—61页。

灰蓝的图书馆瓦顶，质朴厚实却不失飘洒俊逸，散发着朴拙向上的气息。临水飘台轻轻逸出，为沉厚的图书馆注入一股轻灵飘逸的气质。负阴抱阳，刚柔相济，一切皆恰到好处。

舒展打开的校园，环校河道、交错小溪、人工湖面、亲水平台等将学校的教育、教学、休憩、遐想、运动、交友轻轻拉进小桥流水人家的水乡深处，尤其是令人熟悉的花木，徒添童年气息，而人工湖、小河道、长河岸、曲桥、芳园、小山，由低到高、自南向北有序递进，让学生在充满野趣的空间中感受岭南景致，且通过渐次变化、逐步增加的高度令视线不断提升，有效引导学生不断燃起读书索理，层楼更上的内在激情。所有的教学楼梯级，越往上就越悄然收窄，令学生举步登高中挺身远眺，精神抖擞，充满积极向上的青春风貌。

"灰蓝色瓦面不仅代表天明东方破晓时分颜色，暗喻一日已至，黎明即起，奋起攻读，更散发着朴实与谦逊，体现出一所平民学校独有的沉实与自信。"[1]

学子们可在开阔净雅的空间中潜心攻读，是陈霖峰等一批校友的心愿（顺德建筑设计院供图）

---

[1] 李健明：《妙匠营城——顺德建筑设计院六十年文化解读》，世界图书出版广东有限公司，2021年，第65页。

如今，每次进入校园，陈霖峰都走得特别慢。他要细细端详这份凝聚着设计院顺德一中校友们心血的力作。因为，它代表顺德一中百年学子的美好记忆与内心向往。他总想增添点花草树木、亭台楼阁，让它更苍碧丰茂，雅淡飘逸。

三

陈村是古老花乡，也是陈霖峰的故乡。

临近新世纪，他将陈村花卉世界入口处设计为一双展开翅膀的蝴蝶，化为顺德人拥抱生命、喜迎新春、恭迎宾客、飞向未来的城市意象，活泼、生动、喜庆、自由，让人们惊喜地感受到一座古老花乡的历史蜕变，意识到一个全新大时代的翩翩到来，更让中外宾客感受到顺德人融川纳海的博大襟怀。

陈村花卉世界蝴蝶张开翅膀的造型，成为一个时代的重要标志（顺德建筑设计院供图）

2001年，广东省花卉协会、顺德市人民政府联合举办"第五届中国花卉博览会暨第三届中国花卉交易会"。

中国花卉博览会为中国级别最高的花卉展览盛会，每四年举行一次。前四届均在北京、上海举行，这是第一次在岭南花乡和花卉市场举行，无疑是陈村花产业深远影响的体现。

人们欣悦地看到迎风翻飞、展翅迎宾的双蝶大门。那是陈村花卉世界的重要标志，更成为一个花卉产业辉煌时代的印记。此后多年，国内大型花卉展览活动的大门，大多以不同形态的蝴蝶为设计元素。

"蝶恋花"不仅将传统的词牌化作生动的现实，更深深隐藏着陈霖峰对家乡难以割舍的情愫。

第五节 探索与突破

一

进入新世纪，陈霖峰接手设计北滘金茂华美达广场酒店。当时，他坚持以外凸装饰的外墙来改变其素净平直的外表。这一灵感，源自20世纪80年代初梁昆浩设计仙泉酒店时将黄色琉璃瓦作挂落，令充满山林野趣的酒店隐隐折射出不凡气势。最终，客户在其叙述下同意这一突破传统的设想。新世纪以来，秀挺庄雅的华美达大厦矗立在繁忙的105国道旁，因其端丽华贵成为北滘的标志性建筑，获得客户、民众、社会的认可。

北滘华美达大厦（顺德建筑设计院供图）

第五章　陈霖峰：春入千门万户中

陈霖峰逐渐认识到，设计师并非纯粹听从客户的需求而铺纸落笔，而应将自己对建筑与空间的理解作透彻陈述，更要将融入一片新天地中的和谐性与未来价值作展现，最终将客户需求与自身设计构想实现融合，共同完成一座建筑物的合作共赢。

因此，他带领的团队严格遵循建筑古典主义对中轴线、主从关系对称、柱式结构的苛求，又将现代主义建筑对建筑形体、内部功能、经济成本的考量融入构想中，更将顺德乡土风俗、古老传统、当代人群审美需求融为一体，合力完成一座城市的各种标志性建筑，逐渐表达一座现代城市的不同建筑美学理念。

新世纪以来，团队在顺德以外的一批作品赢得竞赛或竞标，实力不断获得业界认可，如四川遂宁市民中心、北京师范大学珠海校区一带一路学院、启功纪念馆、洛阳汽车工业大学等。

二

顺德美食风情街是陈霖峰率领团队精心设计的城市小品。

他们将原来的土地庙、小埠头、翠竹丛悉心保存，细加修缮，令其古风依旧，隐隐延续一脉相承的乡村古貌。同时，沿河筑建小亭台、曲径、鹅卵石，翠竹掩映，小道蜿蜒，左可赏小舟游弋，右可观错落餐馆。人在绿荫中分花拂柳，指红道绿。

入夜，灯火璀璨，酒香透窗，人们可尽情享受小城夜色，而明静、淡远、清虚的河畔苍竹小道，在自然、质朴、清新中散发着潇洒飘逸的内在风致，河水清香漫浸四方，让融进这片建筑小品中的行人不觉沉醉。

陈霖峰团队清晰而敏锐的艺术触觉与精致淡雅的设计笔触，为城市留下一帧淡绿山水画。

虽然，微醺的宾客无暇细细欣赏这片呈现乡村自然景色的精心妙作，但其质朴精致而匠心独运的笔墨，却深得同行清赏。它不仅获广东省注册建筑师协会第六次优秀建筑创作奖，更在首届广东省岭南特色规划与建筑设计评优活动中获岭南特色规划设计铜奖。

陈霖峰从未停步，他一直带领团队埋头探索城市空间、乡村景色、客户意愿、设计意图、消费引导等多方融合的新路径，而美食风情街淡雅的风格与实用

陈村·当代英才

的空间和严控的成本，让他们从大规模的厂房企业、酒店山庄的规范设计中偶尔轻轻逸出，探索出一道淡墨山水的翩翩笔致，为城市留下更多舒闲与思考的建筑空间。

三

进入新世纪，陈霖峰逐渐从设计师转换为管理者，他思考更多的是将设计、企业与城市管理者、客户、空间融合，引导大家进入一个相互理解并商议拓展更

左龙右凤，龙凤呈祥的意念与简洁明快的建筑，为市民提供便利的办事空间（顺德建筑设计院供图）

有效使用空间的良好合作关系中,令城市成为带有美学意念的新空间。

因此,在行政服务中心东西座的设计中,陈霖峰将左侧融入龙眉,右侧渗进凤目意象,以龙凤呈祥寓意深嵌大地,更与一路之隔的行政大楼遥相呼应,构成一个稳定的大三角。

市民可在大楼内完成所有申报程序,节省上下奔走的时间与精力成本,而大堂内简约、清晰、直接、淡雅的设计实现着美学与功能的融合,深得民众推崇,更获"2005年广东省第十二次优秀设计二等奖"。

他们一直探索通过设计去助推一座城市进入长期而稳定的快速高效运作的方法,以令政府、市民、客户获得最实在便利。

他们备受瞩目。

四

2000年,清晖园重修,梁昆浩将广东三大名园经典景色引入新园,呈现出更绚丽、沉雅、清秀的灵动画面。余荫山房的步换景移、十二石斋的疏落淡雅、东莞可园的山水相融,皆为岭南庭院妙品。

融合岭南众名园风格的清晖园新园(李清华摄)

他将三大园林的亭台楼阁、山石树木、溪流门窗、曲径回廊细加分析，又对园内的前后呼应、左右映带、上下照顾、东西互补逐一消化，再将它们融化在清晖园新园那古木旧池、荒地残坪中。

因此，人们在高耸的留芬阁看到可园的身影，在八表来香亭感受到余荫山房深柳堂的痕迹，在状元堂前错落有致的小石山探寻到十二石斋的神韵，梁昆浩将岭南庭院如盐入水化入高峰浅溪、碧树红花、回廊曲径、厅堂台榭中，令一直参与跟进和学习的陈霖峰深受启发，成为他后来设计龙江仁园的灵感滥觞。

五

1993年开始，历法名家蔡伯励就开始购买故宅附近民居。2005年，梁昆浩在力求不改变建筑与空间原貌的前提下，在一砖一瓦的精致搭建中还原昔日乡村房舍那沉静而舒闲的生活场景，"小楼一夜听春雨，深巷明朝卖杏花"，"春阴垂野草青青，时有幽花一树明"。那种不期而遇的惊喜，笔墨难言。

陈霖峰跟随梁昆浩与蔡伯励父子深度沟通，将大门、屏风、餐厅、书房、纪念馆通过精致小道、一汪碧水、峭拔山石、摇曳翠竹有序安置在不同空间，还通过古树、冷巷、戏台、高楼、回廊点缀各处，笔断意连，气脉贯通。后期，陈霖峰带领团队不断将仁园构筑出天地人神物彼此呼应的微妙而舒适的空间，实现他们畅目澄怀、登高赏景、小榭对弈、凭栏啜茶的梦想，共同营造出岭南人对草木、自然、山林、庭院那出自内心的挚爱空间。如今，仁园已成为人们欣赏和探究顺德岭南庭院的必选景点。

六

顺德第一人民医院新院（今南方医科大学顺德医院）的设计，实现了陈霖峰团队高效利用公共空间的梦想。与清晖园的回廊曲径与仁园的花木掩映不同，医院的核心是治病救人，争分夺秒。因此，空间的直观、简洁、清晰、流畅成为设计核心，而人文关怀也成为他们不断加强的元素。

这是一个竞争激烈的项目。陈霖峰团队与总部位于洛杉矶的一所美国建筑师事务所潘怡诚（Raymond Pan）、蔡永基（Wilkie Choi）等联合组成跨国团队，奋战70天，在竞标中脱颖而出。

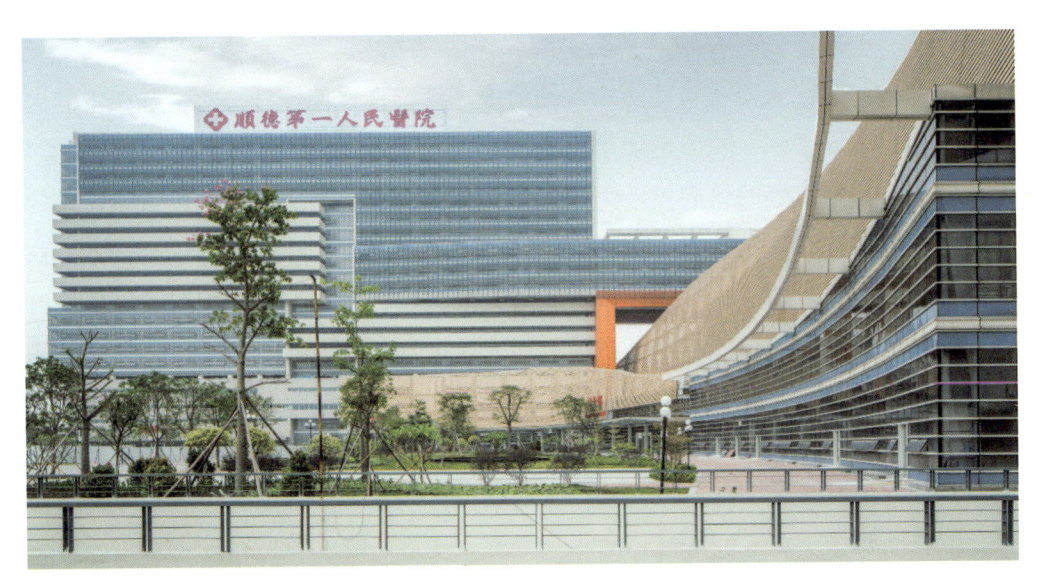

简洁舒展的南方医科大学顺德医院散发着跳跃的时代气息（顺德建筑设计院供图）

他们在医院西南部，特意开设一个开阔空间，与东侧新城区的绿化片区共同形成一个舒朗淡净的碧绿空间，让患者在生机勃勃中萌生回归生活与健康人生的意愿。在寸土尺金的城市空间，大片绿地的设置清晰折射出他们对空间深刻的理解，也折射出他们对现代建筑特质与价值的拓展和提升。

2009年，顺德第一人民医院易地新建项目获得"国际设计竞赛一等奖"。同年，获得美国建筑设计协会帕萨迪纳&福席尔分会奖项。此外，它还获"2011年度美国建筑协会医疗建设设计大奖"。设计的获奖，折射出他们的理念与能力获得国际建筑设计主流认可与推崇，更反映出设计师们从顺德走向国际的清晰路径和能力。

从依山而建的旧人民医院到如今坐落在一片开阔地段的新医院，两代设计师都将时代精神和对生命的理解倾注在图纸上，为人们设计出一个尊重生命的治疗与养护空间。

七

近年，随着城市管理者与建筑消费群体的年轻化与专业化，他们对建筑需求的科学性与美学性不断提升着整座城市的建筑美感，这也与陈霖峰内心的诉求更为贴近。

他深知，对建筑美学与功能极致的追求，其实是顺德建筑文化一脉相承的内在传统。

从昔日寻常百姓的竹筒屋、大户人家的趟栊门到达官贵人的西关大屋、宗族重地的祠堂家庙，顺德人无不精制妙作，而祠堂恢宏的设计、庭院错落的诗意、壁画传神的笔墨、花窗精致的制作、砖缝无瑕的贴合，无不将他们对美好生活的寄托融进一笔一划的描摹中，更将他们对人生深沉而热烈的爱意化作祠堂左右的日月两神、入户精致的脚门、屋檐灵动的水草、街头笔直的白石。

即使到了现当代，顺德糖厂、人民礼堂、甘竹滩发电站、仙泉酒店、凤城酒店、顺峰山公园、大牌坊等建筑，无论是设备的领先、规模的宏大、技术的含量、形式的突破、高度的设置、面积的跨度、体量的庞大，都在努力摆脱资源的限制，争取在技术可控的范围内追求设计极限的突破，达致技术、美感和使用效果三者的完美结合。

因此，从大良的永旺商业中心、吉之岛到容桂天佑城、龙江盈信广场，陈霖峰带领的年轻设计团队，不仅为市民设计了一个娱乐、购物、休闲、结友、观

顺德商业的重要标志永旺商场（顺德建筑设计院供图）

光的综合性空间，更通过空间的聚集力将不同区域的人们快速荟萃一堂，构成一个消费中心，并由此衍生出各种相关产业与从业人员，不断完善城市的商业结构与产业组合，最终有效调整一座城市的经济结构、城市文化、消费观念、人群组合，而他们也通过建筑设计与城市规划细化沉实而高远的人生理想。

每天，陈霖峰都在带领团队沉毅前行

无论是高雅的喜来登酒店、雍容的美的万豪酒店，还是恢宏的陈村新君悦酒店、沉雅的乐从福德酒店、宏大的杏坛商业大厦，陈霖峰及其团队都力求为不同区域的人们提供最贴近内心需求的空间功能，使之成为本地区的标志性建筑，也最终成就他们引以为傲的作品。

最近，陈霖峰带领团队，投入到"乡村振兴"设计中，他更以发自内心的热情和奉献精神，致力于大量乡村建筑和环境的设计、保护、活化、微改造中，逢简小学牌坊与文化园、勒流龙眼文化驿站、陈村的潭洲和杏坛的马东、逢简、三水白坭镇水口梁村党群服务中心等，都可见他们从城市到乡村的自然延伸，也可见他们对传统源点、城市根脉、文化源头的深刻认识与真诚敬畏，以及对当代价值进行的探索与开拓。

杏坛逢简小学牌楼加固与空间营造（马锡强供图）

八

作为顺德建筑设计院院长，面对学术训练系统、理性思维严谨、科学精神清晰、各有专长、志存高远的助手、部门主任、普通员工，他深知各展所长，尽情发挥是管理的要义与企业发展的动力；柔中带刚，充满人情味的管理是企业前行的风格；边界清晰，底线明确是企业的运行原则。

因此，令每位员工发挥最大效用，每个部门有序成长，形成理性合力，推动企业稳健发展，是设计院成长为顺德备受瞩目的建筑设计企业的文化核心。

同时，员工各司其职，才能把专业才能转化为工作成效，在领导鼓励与企业激励中发挥最大效性，并将最大限度发挥潜能形成习惯，让员工深嵌彼此，互动共进，形成强大的团队合作力，推动企业澎湃而稳健的发展。

这正是其思考所在，也是陈霖峰一直努力的方向。

第六章 群星璀璨

在陈村，曾涌现出一批英才，他们如夜空群星，映照得这片水乡历史夜空更璀璨迷人。

第一节　杜婉言：剖析明朝制度　宦官研究专家

杜婉言，1936年出生，祖籍陈村镇石洲村。10岁入读执信中学，1957年毕业于北京师范大学历史系。

20世纪80年代后期，杜婉言参与《简明中国百科全书》撰稿，此为中国社会科学出版社与英国培格曼出版公司合作出版的典籍，后北京、华盛顿、伦敦举行发行仪式，深受读者欢迎。

杜婉言参加执信中学百年校庆（右二）（杜婉言供图）

20世纪90年代初，白钢主编《中国政治制度史》，杜婉言参与第十一章《明朝政治制度》撰稿，此书获中国社会科学院第一届（1977—1991）优秀科研成果奖（1992）。

长期以来，杜婉言致力宦官研究，对他们在内阁、人事、军事、司法、外交、经济等方面对制度与国家的危害进行系统分析，从而剖析明朝官宦与党政间纷繁复杂的矛盾与明朝政治制度特征。杜婉言出版专著《佞幸：中国宦官与中国政治》《中华姓氏谱·陈姓卷》《中国小通史·明》，合作出版《中国历代太监传》《明朝宦官》《明朝宦官与经济史料初探》《中国政治制度通史·明代》；主编《风骚五千年——中华名人传系（全十一册）》。

杜婉言曾任中国社会科学院历史研究所研究员、《中国史研究》编审，享受国务院特殊津贴。

第二节　区本：以画为缘　联通友谊

区本，1943年出生，祖籍陈村镇大都村。自幼随父习书画，出国前是专业书画家，任海珠书画社社长、南岭书画会会长；1984年远赴斐济，2003年定居新西兰。逗留斐济期间，区本设立公司，主营装修、文化、园林设计，为华人解决就业问题，后设香江酒家，免费接待中国驻斐济大使馆宾客，影响深远。

1996年与2001年，中国国家领导人访问斐济共和国，区本先生均应邀受到接见；1997年，时任中国驻斐济大使表彰区本先生为特别爱国华人。

2003年，区本定居新西兰，致力华侨文化发展。2014年与2017年，国家领导人访问新西兰，区本先生均受接见。2018年1月10日，应广州市人大常委会的邀请以华侨列席代表出席广州市第十五届人民代表大会第三次会议。

一直以来，区本以书画作纽带，联结两国。

区本担任新西兰中华文化艺术学院院长、中国华侨国际文化交流促进会理事、海外华人书法家协会联合会主席、斐济书画协会主席、广东省侨联顾问等。2016年荣获中国侨联颁发为侨服务20年以上的荣誉证书。

2012年、2015年和2016年，区本应邀出席北京人民大会堂国庆招待会并特邀登上天安门。2013年，出席中国华侨国际文化交流促进会第三届理事大会等。

自2012年至今，区本在中新两国举办文化交流个人书画展51场，在广州番禺、肇庆高要均设区本艺术馆。

区本先生在陈村登洲区氏大宗祠为乡亲题字（区本供图）

第三节　梁宝珠：商业英才　致力慈善

热心公益的梁宝珠女士（梁宝珠供图）

梁宝珠，祖籍陈村镇弼教村，其祖父梁钊，清朝获派留学英国，回香港后在九广铁路担任总工程师，发明山顶缆车刹车系统。

其父亲梁德出生于陈村，后赴香港，艰苦奋斗，后成香港五金大王。

梁宝珠生于香港。求学于中国香港、加拿大，热爱艺术，尤喜粤曲。

1978年，梁宝珠在香港创立宝时年有限公司，后在顺德设制衣工厂。同年，她创办中国第一间向欧洲出口高级风雨衣外套的企业，每年生产高级风雨衣外套超过100万件，后在广东省投资及合作工厂超50间。10多年间，她始终致力于推动中国纺织制造业，此后更挺进越南，成为第一位进军越南生产高级风雨衣外套的香港人。1998年，她在缅甸仰光设厂房，后发展为知名服装制造工厂。梁宝珠从香港、国内到海外，开疆辟土，成就瞩目，业界誉其为"发展第三世界的先驱。"

梁宝珠热心公益，积极服务社会。2000年，加入香港最大慈善机构之一的保良局，历任总理及副主席，并于2012—2013年任主席，筹得善款逾2.5亿元，破历年筹款纪录。2013年7月1日，她获香港特别行政区政府颁授的"铜紫荆星章"。

梁宝珠还曾任香港东区妇女福利会永远会长、广东省妇女联合会执委、广东省妇女第十次代表大会港区特邀代表等。

梁宝珠致力推广妇女福利及幼儿文化教育，捐款在贵州兴建多间希望工程学校，同时，为江门、顺德、新会等地捐款助学，更在华东水灾、2008年雪灾及四川地震等天灾发生后捐款、赠衣。如今，梁宝珠潜心发展防疫及高科技事业。

散布世界各地的陈村人，如饱胀种子，经岁月雨露滋润，吐绿发芽，丹红摇曳，映照得陈村这片土地分外绚丽迷人。

第七章 致敬乡贤

21世纪以来，陈村英才在不同领域含英咀华，深耕砥砺，春秋迢递，硕果满枝，不仅成为一批企业名家、学术权威、社会俊彦，更致力社会发展，推动时代进步，助力家乡建设。他们低调沉实，德高望重，令人高山仰止，故裒辑其人生经历与成就，汇成一章，以让乡人读其人生，感其成就，仰其高风，继续前行。

第一节　梁培基及其儿女

一

梁培基（1875—1947），原名梁缄，字慎余，陈村大都村人。光绪元年（1875），出生在广州市河南木船工作坊主家。梁培基计划入读博济医院，此为外国人开办的纯粹西医学校，在当时可谓闻所未闻。其母深恐洋人法术神怪，会夺魂取神，百般阻挠，但无法改变梁培基求学意决，她只好为儿子改名"培基"，以辟邪魅。光绪二十年（1894），梁培基求学于博济医院附设的南华医学堂。光绪二十三年（1895），他因成绩卓越，留校任教，后又兼任广东夏葛女子医科学校药物学教师。广东夏葛女子医科学校成立于1899年，美国女医生富玛利所创，为中国最早女医学校，是一所实行七年制医学教育学校。任教同时，梁培基自设诊所，悬壶济世。这一年，他刚好二十岁。

二

清末，人们崇尚中医，对西医一无所知，梁培基虽医术深湛，但门庭冷落。后来，他妙手治愈一位富家子弟沉疴，声誉鹊起，更经同道口碑相传，加上手到病除，立竿见影，人们疑惑消释，纷至沓来。

当时，广州疟疾流行，人们苦不堪言，梁培基目睹民众惨况，心焦意困。他深知民众对外来药品心怀疑虑，不易推广，于是将国外疟疾特效药融进中药内，制成传统药丸，称"发冷丸"。他以自己名字与画像作商标，开创中西药融合历史，更以个人形象与产品合力打造出商业品牌，而"发冷丸"因使用方便、价廉物美、效果立竿见影，成为居家必备良药，迅速畅销各地。

三

1908年，梁培基与郑豪、陈子光、左吉帆、伍汉持等创立"光华医社"，梁培基出任光华社社长兼董事长，同时，他们创立光华医学堂与光华医院，成为国内首家由中国人创立、中国人教学、以中文授课的西医学校与西医医院。光华医院后来称"私立广东光华医科专门学校""私立广东光华医科大学""私立光华医学院"。梁培基深感国人对专业卫生知识一无所知，更屡弱无神，萎靡不振。1909年7月，他出资与潘达微、陈垣创办《医药卫生报》，成为推广卫生知识的大众刊物。人们阅读此刊，受益匪浅，刊物马上风行各地，被争相抢阅。1910年，他们创办《光华医业卫生杂志》，刊登专业论文，交流实践经验，成为专业人士必读刊物。因医社、医校、医院备受青睐，求医、求学、求知者纷至沓来。民国十八年（1929），学校获批成为私立医科大学，更附设护士学校，梁培基的事业渐入高峰。

四

20世纪20年代，梁培基借鉴国外疗养院模式，与当时名医巨商左吉帆、简照南、简琴石等筹资白银50万元，超半数为梁培基所出，在二沙岛上设立"珠江颐养园留医院"。此处幽清雅致，医护技术精深，服务周到细致，深得当时名流青睐，开创治病疗养先河，著名画家陈树人、高剑父曾疗养其中。

1911年黄花岗起义失败后，烈士曝尸街头，梁培基与潘达微一道，以城市公共卫生为由，将烈士葬于黄花岗，义举震撼人心，传为美谈。从中，也可知其内心的纯粹与行为的果决，正如他后来支持省港大罢工，铁肩担道义，令其深孚众望。

五

1934年，梁培基在从化成立"从化温泉建设促进会"，后将从化温泉发展为备受瞩目的疗养地。昔日，杨朔散文《荔枝蜜》的源头便出自从化温泉。1927年后，梁培基设立中华汽水厂、民众烟草股份有限公司、富强炼奶厂、益群热水瓶厂。他们所生产的汽水风靡一时，"大众""富强""蔡廷锴"等香烟品牌也畅销远近。此后，他退隐林下，安度晚年。

六

梁培基常告诫儿女投身专业，独立成才，不可依傍权势，俯仰随人。他规定子女借钱，需立字据，利息高昂，引导他们奋发上进。他在大都村设立的家训更规定公私费用，条文清晰，熏陶着儿女不沾俗气，远离奢靡习气。

因此，他们皆苦学成才，贡献国家，其中长女梁蔼怡，曾出任荔湾区副区长，将脏乱不堪的金花街建设成名闻全国的卫生模范街道；四子梁尚博，为内科专家；六子梁尚农，早年留学德国，为医学博士、著名外科专家，在抗美援朝期间，出任援朝手术队队长，后任广州市第一医院院长，1978年当选第五届全国人民代表大会代表，1990年获中华人民共和国国务院授予的"有突出贡献专家"称号，成为当时广州市获此殊荣的10人之一；八女梁庄仪，为广州音乐专科学校校长；十七女梁碧儿，为卓越妇科专家，人称"神医"；三十四子梁尚朴，为高级工程师。

1977年，梁尚立出任广州市副市长。当时广州市鸡蛋与肉鸡供应紧张，梁尚立行走广州香港两地，引入香港资金，设立机械化养鸡场，令人束手无策的供应难题迎刃而解。此后多年，他主持引进国内第一条电梯生产线、第一间电子手表厂、第一条冰箱生产线、第一条高速公路——广深珠高速公路。他力排众议，兴建国内第一家中外合作五星级大酒店——中国大酒店，更设立培养商业专才的培正商学院（今广东培正学院），为广州经济发展作出独特贡献。

一个家族群英璀璨，引人仰望。

第二节　名医辈出

陈村人深研医理，治病救人，名医辈出，备受瞩目。

简澄波（？—1965），自幼精心研习祖传医术，心得自有，终生行医。他热心治病，深得群众信赖。简澄波尤擅治"大热症"，凡高热不退，屡医无效，经其诊脉，开方一二剂，服后即退烧。他所拟药方，剂量尤大，乡民将其命名为"大包服""劈大柴"医生，四乡闻名，病愈患者，以"四世名医""克缵医绪"等匾额铭怀其德。

朱章阁（1898—1987）。在旧圩正街自设诊所，出任陈村康济堂药店坐堂医生。1958年，陈村社会医务人员大联合，朱医生与同业组织陈村地区总联合诊所，出任该诊所主任。朱章阁因医德高、医术精，深受患者推崇。1958年，他被选为陈村镇第三届人民代表。他先后在陈村医事人员联谊会、医药联合分会、陈村卫协分会担任正、副主任。1978年，顺德县授予其"名老中医"称号。朱医生擅长中医内、外科，具丰富临床经验。他还撰写《轻清潜阳法治肝病升逆症》等论文，且培养后进，不遗余力，当年学徒，如今大多已成栋梁。

陈雨池，生于1925年，1945年工作于唐拾义药厂。20世纪50年代，陈雨池带领研究团队，成功生产出国产化的疟疾丸，满足民众需求，节省国家外汇，1956年出席全国先进生产者代表大会，当选为全国劳动模范。

行走乡间，积学成才的地方名医，为民众治病疗伤，功德无量。

第三节　欧明：中西医结合重要奠基人

欧明（1926—2017），原名欧振远，毕业于岭南大学医学院。

1956年，国家创立首批中医院校，欧明受命设立广州中医学院。他纲举目张，提要钩玄，殚精竭虑，日夜不息，最终令学校顺利成为新中国首批4所高等中医药院校之一。

欧明后任内科教研室主任、附属医院副院长、教务处副处长、学院副院长、临床药理研究所所长等。

从20世纪70年代开始，欧明一直探索中医药学现代研究与中西医结合的方法，在中西医结合治疗心血管疾病领域成就卓越，独步一时。他出任"中医、中西医结合治疗心血管疾病"课题组组长，此为国家"七五"科技攻关项目；同时，主持"毛冬青甲素治疗充血性心力衰竭的临床与实验研究"课题，全力推动中西医结合，更呕心沥血研究中西医结合防治心血管疾病等，成为国内中西医结合的重要奠基人。

学识深湛、视野开阔的欧明开创中医英译的先河。他主编《汉英中医词典》《汉英医学大词典》，其中《汉英医学大词典》获国家卫生部编译工作奖、国家科技进步奖。1990年，获国务院批准享受政府特殊津贴。

学深见卓、低调淡泊的欧明获省中西医结合学会授予中西医结合成就奖及特别贡献奖。

1924年，广东中医药专门学校正式开学，为此奔走呼吁的顺德勒流大晚人卢乃潼（1849—1927）出任校长。三十年后，来自陈村的欧明与同事们将它成功建设为国家级中医药大学。如今，学校已成为名扬华夏的中医药高等学府。

第四节 何波：打铁出身 行业尊长

何波，潭村人，20世纪50年代在澳门开设"何波记铜铁工程"，专门经营五金锻造，为街坊朋友锻打日常铜铁用品，既能糊口养家，又可帮助亲朋，后发展为五金机械制造。四十年砥砺，何波最终在澳门五金行业位重誉高，为澳门五金机器联谊会副理事长，出任澳门顺德联谊总会监事长，致力推动两地经济发展。

第五节　　梁适华：致力珠宝行业　深情回眸故乡

梁适华，1930年出生，陈村镇绀村人，香港宝光珠石有限公司、康源贸易有限公司、嘉年钻石有限公司董事兼总经理、香港珠石玉器金银首饰业商会理事长、香港特别行政区区事顾问、香港特别行政区第一届政府推选委员会委员、香港顺德联谊总会永远名誉会长、顺德市荣誉市民。

梁适华出身于珠宝玉器金银首饰世家，深得父亲梁钊林熏陶，潜心钻研，扩大业务，先后创立嘉年钻石有限公司与康源贸易有限公司。

20世纪70年代，梁适华在南洋水域拓展南洋珠养殖场，促进香港与国际贸易。

梁适华
（图片来源：《港澳海外顺德邑贤录》）

如今，康源贸易公司已是世界重要的南洋珠生产商及批发商。

梁适华致力推动珠宝业发展与消费者权益保护，更全力推动黄金与白金成色标准化，深受同行与客户称颂。

因其业精德高，深孚众望，自20世纪70年代起，梁适华获选香港珠石玉器金银首饰业商会理事长与香港钻石会主席，担任香港消费者委员会委员、中西区区议会议员及香港贸易发展局珠宝业咨询委员会主席等。1989年，成为香港太平绅士。

梁适华深爱家乡，倾情文化与教育。20世纪80年代开始，他与兄长梁愿宏及挚友周君令、何伯陶等捐建陈村镇文化体育中心、顺德体育中心、绀村梁钊林幼儿园。梁适华以其父之名设立梁钊林纪念基金，助建陈村镇梁钊林纪念小学，2008年与兄长捐款100万港元支持小学扩建。

梁适华捐资助建的梁钊林纪念小学（张志明摄）

梁适华为善不甘人后，推动家乡发展，深得民众推崇，更获顺德市政府授予"顺德市荣誉市民"光荣称号。

后记

陈村人低调务实，多有大成，但伟业丰功，人多不知。因此，对当代英才做系统介绍与推广，实是对陈村当代历史的重要补充，也是人们重新认识这片土地的重要而简便的路径。

本书集中对何钟泰等六位当代英才进行前期研究，深度采访，后期请对方核实并修改确认，以求详实准确，细节丰满，充满鲜活气息与深刻理性色彩。

六位当代英才，虽名重于时，但都谦和谨朴，他们平淡而详尽地介绍自身经历与成就，更提供各种珍贵资料与详尽信息，令人深感他们的平易近人与谦虚，也深知成就取得的不易与坚持不懈的可贵。他们对社会的深远影响，让人不禁涌出"不信今人无古贤"的感慨。因此，笔者无不下笔谨慎，用词斟酌，以求精准表达。

周婉莹老师前期深度采访何钟泰先生与梁福团先生和区本先生、梁宝珠女士，为笔者后期撰文提供不可或缺的资料并建立写作结构。没有她的帮助，此书难以完成。在此，深表谢意。

顺德职业技术学院酒店与旅游管理学院甘慕仪院长热心此事，她邀请林壤明先生南回故乡，让笔者得以直接采访林大师，并请教咨询顺德饮食文化，更令此书获得第一手资料。在此，特表谢意。

后 记

梁明诚先生的女儿梁小延老师为笔者热情奔走，递送资料，令梁明诚先生得以亲自修改稿件，更为此奔波寻找图片，令书籍图文并茂。在此，诚致谢忱。

梁培基家族梁子和先生为本书提供梁培基的相关资料，令笔者撰文更具丰富线索。在此，特表谢意。

此书为陈村当代英才叙述文本，期待能为陈村提供更丰富的文化积淀。

感谢。

李健明
2024 年 6 月 8 日